ALBERT LEMOINE

NAPOLÉON IER

ET

LES JUIFS

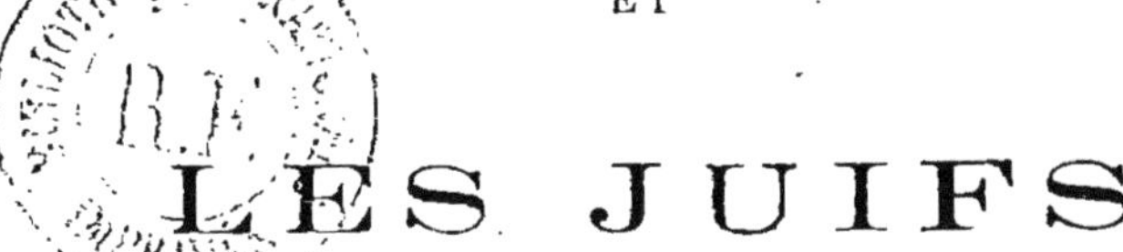

PARIS
FAYARD FRÈRES, ÉDITEURS
78, BOULEVARD SAINT-MICHEL, 78

1900

NAPOLÉON Ier

ET LES JUIFS

COMPIÈGNE — IMPRIMERIE HENRY LEFEBVRE

31, RUE DE SOLFERINO, 31

ALBERT LEMOINE

NAPOLÉON Ier

ET

LES JUIFS

PARIS
FAYARD FRÈRES, ÉDITEURS
78, BOULEVARD SAINT-MICHEL, 78

1900

INTRODUCTION

Madame de Staël qui ne fut jamais suspecte d'admiration pour Napoléon Ier et son œuvre, disait qu'il fallait examiner cet homme « comme un grand problème dont la solution importe à la pensée dans tous les siècles ».

Mettant cet avis à profit, il nous a paru intéressant de rechercher quelle avait été l'opinion de l'Empereur sur une question, aujourd'hui si brûlante d'actualité: la question juive.

Montesquieu voulait qu'on éclairât les lois par l'histoire, et l'histoire par les lois; c'est là ce que nous avons cherché à faire.

Cet ouvrage sur Napoléon Ier et les Juifs contient de nombreux documents inédits, que nous livrons à la publicité avec la plus grande fidélité possible. Il ne saurait être considéré, ni comme une apologie, ni comme un pamphlet.

Nous y flétrissons sans doute la malhonnêteté d'un grand nombre d'Israélites qui, se rendant coupables des pires excès, jetaient le discrédit sur leur religion et provoquaient la haine contre leur secte.

Mais, en revanche, nous y réprouvons avec une non moins grande énergie les mesures d'exception prises par Napoléon contre toute une Classe de citoyens, qui, prise in globo, *n'était nullement responsable de méfaits imputables à des individualités.*

Puisse ce travail, écrit dans un sincère esprit d'impartialité, jeter un peu de lumière sur un point d'histoire et de législation malheureusement trop peu connu. *A. L.*

NAPOLÉON Ier & LES JUIFS

CHAPITRE PREMIER

LES JUIFS SOUS LA RÉVOLUTION

Les Juifs sont redevables de leur émancipation à l'Assemblée Constituante. C'est au sein de la tourmente révolutionnaire qui réveilla le vieux monde endormi qu'ils purent conquérir leurs droits de citoyens libres dans l'État. Enfin, leurs plaintes à travers les siècles étaient entendues ; les barrières qui les séparaient des autres citoyens étaient renversées ; leur cause était gagnée au tribunal de l'humanité. Mais, pour arriver à cette égalité civile, que d'étapes, souvent sanglantes, il leur avait fallu parcourir ! L'histoire ne saurait présenter une seconde fois le spectacle d'un peuple ainsi voué pendant tant de siècles à la haine, au mépris et à la persécution. Les Juifs sont placés depuis plus de cent ans, sous l'égide de la loi commune ; et voilà qu'aujourd'hui la lutte recommence contre eux, ardente et passionnée comme à cette époque de la Révolution où finirent pourtant par triompher les idées de tolérance et de justice.

Depuis longtemps déjà, bien avant l'aube révolutionnaire, le Juif n'était plus la chose vile d'autrefois, et si la Société voulait se défaire de cet être toujours considéré comme malfaisant, elle ne le pendait plus entre deux chiens. Il n'était plus l'animal, objet de transactions et de négoce, affecté aux douaires des reines et des grandes dames, que des créanciers impitoyables pouvaient revendiquer comme bien saisissable, et sur lequel ils pouvaient même prendre légalement hypothèque. Le temps était passé où les fermiers généraux l'assujétissaient à des droits de péage ; douze deniers pour le mâle, neuf pour la femelle enceinte, cinq sols pour le Juif mort, trente deniers pour la morte. On ne lui confisquait plus ses biens, sous prétexte qu'ils étaient le fruit de vols et de rapines. La loi ne lui défendait plus de paraître en public pendant le temps de la Passion et de Pâques. On ne brûlait plus sur les places publiques son Talmud et « autres livres plein d'ignominies et de blasphèmes, propos et doctrines subversifs de toute morale. » Et quand il voulait sortir de sa demeure, il n'avait plus besoin pour satisfaire aux rescrits des Conciles d'Arles et de Latran, de coudre sur sa robe, par devant et par derrière, une pièce de feutre jaune, large d'une palme, ni même de porter, outre cette rouelle, un bonnet à cornes.

Bien plus, il lui était permis de revêtir des habits de couleur, de se baigner dans les mêmes rivières que les Chrétiens, de toucher de ses doigts aux denrées dans les marchés sans être, pour cette raison, contraint de les acheter.

Et pourtant, à la veille de la Révolution, malgré les sensibles améliorations qu'apportaient quotidiennement à son sort les progrès constants de la philosophie, la condition du Juif restait humiliante et précaire. Sans droit civil, sans domicile, et, par suite, sans patrie, il était encore obligé de se faire adopter par le Gouvernement pour avoir la permission de vivre sur le lieu même qui l'avait vu naître. Il lui était interdit d'habiter avec les Chrétiens dont il ne pouvait se servir, dans sa maison, pour les travaux ordinaires, que les jours du Sabbat. Il n'était admis dans aucun corps d'arts et métiers, et son trafic était circonscrit à la seule partie du royaume où il avait élu demeure.

Bref, les Juifs formaient une classe à part, haïe, méprisée, presque hors la loi et mise au ban de la société ; caste soumise à toutes sortes d'humiliations, et qui semblait n'exister que par une tolérance, une grâce toute spéciale.

En 1784, Louis XVI supprima les droits de péage auxquels les Juifs étaient soumis, et tel avait été jusqu'alors leur degré d'infortune, qu'il fallut un arrêt du Parlement pour apprendre au peuple que ces malheureux ne devaient pas être injuriés impunément. Cet arrêt, cité par Merlin, date du 29 janvier 1785, quatre ans seulement avant la Révolution.

Si donc le Juif des premiers siècles n'était

pas considéré comme un homme, celui du XVIIIe était encore bien éloigné d'être un citoyen.

Ce fut un ecclésiastique, l'abbé Grégoire, qui plaida le premier la cause israélite. Les États-Généraux avaient ouvert leur session le 5 mai 1789. Dans la séance du 3 août de la même année, l'abbé Grégoire monta à la tribune, et se faisant le porte-parole des curés de son bailliage, traça un éloquent et véridique tableau des persécutions inouïes qu'on venait d'exercer en Alsace contre les Juifs. En sa qualité de ministre d'une religion fondée sur la charité et la fraternité, il était de son devoir, disait-il, de réclamer en ces circonstances l'intervention de l'Assemblée en faveur d'un peuple proscrit et malheureux. Il pria ses collègues de consacrer une séance à la question juive; et, peu de temps après, il publia sous forme de brochure, sur le même sujet, une motion qu'il n'avait pu développer à la tribune[1].

Le 23 août, l'Assemblée nationale proclama

1. *Motion en faveur des Juifs*, par l'abbé Grégoire, député de Nancy. Paris, 1789.

le grand principe de la liberté de conscience, sanctionné en ces termes par l'article 10 de la Déclaration des Droits de l'homme, qui forma le préambule de la Constitution de 1792 : « Nul ne doit être inquiété pour ses opinions, même religieuses, pourvu que leur manifestation ne trouble en rien l'ordre public établi par la loi. »

Rabaud Saint-Etienne, appuyant cet article, fit entendre ces paroles : « L'erreur n'est pas un crime, et quelle que soit la religion d'un homme, il ne doit pas être frustré de ses droits. Je demande la liberté pour ces peuples toujours proscrits, vagabonds sur le globe, voués à une éternelle humiliation, les Juifs[1]. »

L'Assemblée nationale, malgré ses tendances libérales, n'accorda pas sans hésitations aux Juifs les droits de citoyen qu'ils sollicitaient sans relâche. Elle tergiversa longtemps, ajournant toujours sa décision, comme pour bien sonder l'opinion publique qu'elle craignait de froisser.

La question fut vivement discutée le 3 septembre. Les Juifs demandaient à l'Assemblée

1. *Moniteur* du 23 au 26 août 1789.

de leur décerner le titre de citoyens, de leur conférer le droit d'habitation sur n'importe quel point du territoire, de supprimer les taxes auxquelles ils étaient assujettis, de les laisser libres enfin dans l'exercice de leur culte[1].

Dans la séance du 14 octobre, une députation israélite fut admise à l'Assemblée où Berr-Isaac-Berr prononça, au nom de ses coreligionnaires, un long et intéressant discours qui fut attentivement écouté.

Mais ce fut surtout dans les séances des 23 et 24 décembre, que les partisans de l'émancipation israélite, agitèrent cette question avec le plus d'ardeur et de talent. Le comte de Clermont-Tonnerre, avec toute la fougue de son éloquence, soutint qu'il fallait tout refuser aux Juifs comme nation, mais qu'il était nécessaire de tout leur accorder en tant qu'individus ; et dans une vibrante péroraison : « Il faut qu'ils soient citoyens, s'écria-t-il. On prétend qu'ils ne veulent pas l'être : qu'ils le

1. Requête adressée à l'Assemblée nationale, 26 août 1789.

disent et qu'on les bannisse... Les Juifs sont présumés citoyens, tant qu'on n'aura pas prouvé qu'ils ne le sont pas, tant qu'ils n'auront pas refusé de l'être. Dans leur requête, ils demandent à être considérés comme tels : la loi doit reconnaître un titre que le préjugé seul refuse[1]... »

Les partisans de l'émancipatoin rencontrèrent une résistance opiniâtre chez l'abbé Maury qui combattit désespérément les arguments que le comte de Clermont-Tonnerre avait apportés à la tribune.

« Appeler les Juifs des citoyens, disait-il en substance, ce serait prétendre que sans lettres de nationalité, et sans cesser d'être Anglais et Danois, les Anglais et les Danois pourraient devenir Français. Depuis le règne de Charles-le-Chauve, empoisonné par son médecin Sédécias, qui donna l'état-civil aux Juifs, ils ont été chassés et rappelés sept fois. M. de Voltaire, dans ses questions sur l'Encyclopédie, n'a-t-il pas dit que l'avarice les avait chassés et qu'ils avaient été rappelés par l'avarice et

1. *Moniteur* du 23 décembre 1789.

la bêtise. Les Juifs ont traversé dix-sept siècles sans se mêler aux autres nations. Ils n'ont jamais fait que le commerce de l'argent ; ils ont été le fléau des provinces agricoles. » Et à l'appui de ces paroles, il citait l'exemple des malheureux Alsaciens, ruinés par le despotisme usuraire des Israélites. « Ils possèdent en Alsace douze millions d'hypothèques sur les terres. Si vous ne réprimez pas leurs excès, ils seront, dans un mois, propriétaires de la moitié de cette province : dans dix ans, ils l'auront entièrement conquise, et elle ne sera plus qu'une colonie juive dans la nation française. Les peuples ont pour les Juifs une telle haine que cet agrandissement ne manquerait pas de les pousser aux pires extrémités. Pour le salut des Juifs, il ne doit pas y avoir lieu à délibérer[1]. »

La Fare, évêque de Nancy, soutint avec une égale acrimonie la même thèse que l'abbé Maury et exposa le résultat des renseignements qu'il avait pris auprès des sympathiques populations alsaciennes. « Le peuple les a en

1. *Moniteur* du 24 décembre 1789.

horreur, disait-il, et ils sont souvent en Alsace les victimes de mouvements populaires. Mais ils envahissent tout et s'emparent de tout. » Et il ajoutait : « Dernièrement un de mes administrés me disait : « Les Juifs veulent nous réduire à la misère ; ils veulent même nous affamer : ils accaparent les blés ; et ils sont si habiles à tout prendre que si nous venions à vous perdre, il nous viendrait à coup sûr un Juif pour évêque — Un décret qui donnerait aux Juifs les droits de citoyen pourrait allumer un immense incendie. Ils ont une fois obtenu du Parlement d'Angleterre une pareille faveur ; mais aussitôt les boulangers leur refusèrent du pain, et les malheureux demandèrent, peu de temps après, la révocation du bill. »

Les partisans de l'émancipation israélite traitèrent ces histoires de contes à dormir debout, de billevesées ; elles groupèrent pourtant les indécis et les hésitants ; et malgré l'éloquente intervention de Mirabeau et de Robespierre, partisans zélés de la liberté pour tous, l'Assemblée nationale recula devant les haines furieuses des paysans alsaciens ; les adversaires des Juifs eurent gain de cause en faisant décréter, par une faible majorité, il est vrai, cinq ou six voix seulement[1] la motion suivante : « L'Assemblée nationale reconnaît les non catholiques capables de remplir tous les emplois civils et militaires, sauf les Juifs sur lesquels elle se réserve de prononcer[2]. »

Pour avoir subi ce premier échec, les Israélites ne perdirent pas courage, et la question juive resta à l'ordre du jour. Une pétition des Juifs de Bordeaux ranima la lutte jusqu'alors incertaine. Ces Israélites, plus favorisés que leurs collègues d'Alsace, demandaient que la France nouvelle se montrât aussi libérale que l'ancienne monarchie qui avait accordé par lettres patentes aux Juifs portugais, espagnols et avignonnais fixés dans le midi de la France, les droits de citoyens actifs.

L'Assemblée nationale, après une séance extraordinairement mouvementée où prirent successivement la parole les partisans et les

1. *Journal de Versailles*. 25 décembre 1789

2. Assemblée nationale. 24 décembre 1789.

adversaires les plus résolus de l'émancipation juive, de Liancourt, de Sèze, de Noailles, Barnave, d'un côté ; l'abbé Maury, Cazalès et Rewbell de l'autre, accorda de façon définitive aux Juifs de Bordeaux les droits de citoyens actifs qu'ils n'avaient eus jusqu'alors qu'à titre provisoire. La solution de la question relative aux Juifs allemands fut ajournée[1].

Pour leur propre compte, les Juifs de Paris avaient obtenu de l'opinion publique l'égalité sociale, mais l'Assemblée nationale leur en refusait toujours la consécration légale. Ils eurent alors l'idée de s'adresser à la Commune de Paris, et de lui présenter une pétition qui fut fortement appuyée par Godard, avocat au Parlement. L'abbé Mulot, président de la Commune, se borna simplement, lors de cette première démarche, à féliciter les délégués israélites de leur attitude, ce qui n'engageait à rien.

La requête dans laquelle ils plaidaient leur cause avec modération et fermeté fut toutefois

1. Décret du 28 janvier 1790. *Journal de Paris*, n° 29.

insérée au *Moniteur*. « La France, y disait-on, devait, par justice et par intérêt, accorder sans retard à tous les Juifs les droits de citoyens, parce qu'ils étaient domiciliés dans cet Empire et qu'ils servaient leur patrie par tous les moyens en leur pouvoir. Il ne peut y avoir que deux classes dans un Etat, ajoutaient les pétitionnaires, des citoyens et des étrangers ; prouver que nous ne sommes pas des étrangers, c'est prouver que nous sommes des citoyens. » Ils invoquaient la liberté religieuse. Les objections qu'on faisait à leur émancipation étaient les mêmes que celles qu'on avait faites aux protestants pendant deux siècles ; il était de toute justice qu'on fît droit à leur demande.

Le 28 janvier 1790, le jour même où l'Assemblée nationale décrétait définitivement l'émancipation des Juifs bordelais, l'avocat Godard présentait à la commune une députation des personnages les plus autorisés de la colonie juive à Paris[1] ; il pria l'Assemblée d'émettre un vœu en leur faveur. L'abbé Mulot se laissa

1. Berr.-Isaac-Berr. Cerf.-Berr. Lazare Jacob, etc.

convertir, et, comme premier témoignage de sa fraternité, la commune donna aux députés juifs l'autorisation d'assister à la séance. Le lendemain, après un véhément plaidoyer de l'abbé Bertolio, la commune de Paris exprimait le vœu que les Juifs fussent admis à l'état-civil et à tous les droits de citoyens actifs. Trois semaines plus tard, le 25 février 1790, cette même commune déléguait plusieurs de ses membres à la Constituante pour prier les représentants du peuple de comprendre les Israélites de la capitale dans les dispositions du décret du 28 janvier. L'Assemblée temporisa comme à l'ordinaire, et n'osant braver l'opinion publique, elle prononça l'ajournement de la question.

A force de requêtes, de pétitions, de réclamations de toutes sortes, grâce à leur persévérance et à leur opiniâtreté, les Juifs réussirent pourtant à obtenir quelques satisfactions de l'Assemblée nationale. C'est ainsi que le 20 juillet 1790, l'Assemblée abolit toutes les redevances, de quelque nature qu'elles fussent, prélevées jusqu'alors sur les Juifs, entre autres celle de 20.000 livres payée annuellement au fils du duc de Brancas « sous le nom de droit d'habitation, de protection et de tolérance. »

Au mois de janvier 1791, l'abbé Grégoire occupant le fauteuil de la présidence à l'Assemblée, les Juifs crurent le moment arrivé d'intervenir à nouveau. Leurs avocats demandèrent à la Constituante d'étendre à tous les Israélites, sans distinction d'origine, tous les droits qu'on avait accordés par faveur spéciale aux Juifs du Midi. M. de Broglie se prononça énergiquement contre cette proposition. « Je vous dirai, s'écria-t-il à la tribune, que toute cette intrigue est ourdie depuis longtemps par quatre ou cinq Juifs tout-puissants établis dans le département du Bas-Rhin ; qu'un d'entre eux, principalement, a acquis une fortune insolente aux dépens de l'État ; qu'il répand depuis longtemps et sans compter des sommes considérables dans notre ville pour s'y créer des protecteurs et des appuis[1]. » L'Assemblée vota pour la dernière fois l'ajournement.

Le représentant Duport, dans la séance

1. *Moniteur* du 20 janvier 1791.

restée mémorable du 27 septembre 1791, s'appuyant sur la proclamation récente de la Constitution, et sur les principes de liberté reconnus par la Déclaration des Droits de l'homme, réclama l'émancipation des Israélites. Plus heureux que ses prédécesseurs dans cette voie, il réussit à faire décréter que les Juifs pourraient désormais jouir de tous les droits de citoyens actifs. Le décret, en lui-même, était aussi large que possible. Il portait que l'Assemblée nationale; considérant que les conditions pour être citoyen français sont déterminées par la Constitution, et que tout homme qui, réunissant les dites conditions, prête le serment civique et s'engage à remplir tous les devoirs que la Constitution impose, a droit à tous les avantages qu'elle assure ; révoque tous les ajournements, réserves et exceptions insérées dans les précédents décrets relativement aux individus juifs qui prêteront le serment civique.

Le vote de ce décret, rendu sans discussion, fut obtenu par surprise. Les « noirs », comme on appelait les adversaires acharnés de la cause israélite, quelque peu démoralisés par la fuite récente de Louis XVI, en proie à des préoccupations d'autre nature et qui leur semblaient plus graves, ne provoquèrent, en cette séance, aucune polémique. Mais, étonnés autant qu'irrités de cette victoire inattendue des Israélites, ils se ressaisirent immédiatement, et le lendemain même, Rewbel, suppliant l'Assemblée de l'écouter au nom du plus pur patriotisme, voulut faire connaître l'état de la question sur l'existence du Décret. Malgré les violents murmures qui s'élevaient dans la salle : « Si vous refusez d'entendre toute discussion, s'écria-t-il, soyez persuadés que dans mon pays, les ennemis du bien public feront croire aux habitants que les usuriers ont trouvé dans Paris de puissants protecteurs. Eh bien, si l'Assemblée ne veut pas être instruite, je la rends responsable de tous les troubles que peut susciter en Alsace le décret d'hier[1]. »

En ce moment, les Juifs sont en Alsace créanciers d'environ 12 à 15 millions, tant en capital qu'en intérêts. Si l'on considère que la

1. *Moniteur* du 29 septembre 1791.

réunion des débiteurs ne possède pas trois millions et que les Juifs ne sont pas des gens à prêter 15 millions sur 3 millions de vaillant, on sera convaincu qu'il y a au moins sur ces créances 12 millions d'usure. Les Juifs disent eux-mêmes que si on leur donnait 4 millions pour la totalité de leurs créances, ils s'estimeraient fort heureux. Si vous ne vérifiez pas les créances des Juifs, vous vous aliénez les esprits contre votre Constitution. Voyez cette Assemblée nationale, dira-t-on, elle a tout fait pour des usuriers, et elle a négligé de nous tirer de nos malheurs[1]. »

L'Assemblée adopta le projet proposé par Rewbel ; c'était déjà revenir sur le grand principe d'égalité proclamé la veille.

Elle décréta :

1° Dans le mois, les Juifs de la ci-devant province d'Alsace donneront aux directoires des districts du domicile des débiteurs l'état détaillé de leurs créances, tant en principal qu'en intérêts, sur les particuliers non Juifs dénoncés dans les anciens règlements de la

1. *Moniteur* du 29 septembre 1791.

ci-devant classe du peuple de la même province ;

2° Les directoires des districts prendront aussitôt tous les renseignements nécessaires sur les moyens connus des débiteurs pour acquitter ces créances ; ils feront passer ces renseignements avec leur avis sur le mode de liquidation aux directoires des départements du Haut et du Bas-Rhin ;

3° Les directoires des départements du Haut et du Bas-Rhin, donneront sans délai leur avis sur le mode de liquidation, le communiqueront aux Juifs et l'enverront, avec les observations de ces derniers, au Corps législatif pour être statué ce qu'il appartiendra.

Ce décret, voté sur la motion de Rewbel, ne reçut jamais son exécution ; la session de la Constituante prit fin peu de jours après ce vote, et l'Assemblée législative ne le sanctionna pas.

La route que suivirent les Israélites pour la conquête de leurs droits, comme nous avons pu le voir, ne fut donc pas précisément jonchée de fleurs. Leur émancipation souleva de nombreuses et vives polémiques ; et l'Assemblée Constituante se montra longtemps hésitante avant de reconnaître et de consacrer par son vote la légitimité de leurs revendications. Ce n'était pas tant la position religieuse de la secte israélite qui éveillait les scrupules de l'Assemblée que l'extrême impopularité des Juifs dans certaines provinces comme l'Alsace où ils dominaient et pressuraient sans merci les campagnes par l'usure.

Et pourtant, on concédait alors avec une bien grande facilité le titre de citoyen. Il n'y avait plus de classes : tous les hommes devaient être égaux devant la loi. La fraternité des hommes appelant la fraternité des peuples, il fallait renverser les barrières élevées entre les nations, comme on avait jeté bas celles qui séparaient les citoyens : ne sommes-nous pas tous citoyens du monde ? Les députés de la Constituante auraient pu s'écrier comme un de nos hommes politiques contemporains :

« Nous sommes de ceux qui pensent que pour la France il n'y a pas d'étrangers[1]. »

1. Clovis Hugues. Chambre des Députés. Séance du 24 février 1882.

Mais les évènements devaient bientôt montrer l'inanité de ces tendances cosmopolites. Les hommes de la Révolution devaient revenir promptement de ces belles illusions ; la réaction éclata, violente, contre les étrangers.

Tout semblait donc annoncer aux Juifs, non pas un bonheur certain, mais un modeste oubli qui leur permettrait de vivre tranquilles, de déposer leurs préjugés, et les conduirait à un repos dont tant de siècles de malheurs avaient dû effacer de leur esprit jusqu'à l'idée.

« Le 27 septembre 1791, comme d'habitude, la Révolution française croyait bien légiférer pour l'humanité. La prétention, cette fois, n'était pas vaine. Le décret de la Constituante a fait son tour du monde. Du ksour du Magreb africain aux campements des steppes de l'Asie, les tentes de Jacob ont retenti de l'écho de la Salle du Manège ; le 27 septembre 1791, qui ne nous rappelle rien, à nous, Chrétiens, est une des dates cosmopolites de la Révolution. C'est le 14 juillet de toute une race, et la Bastille renversée en cette pâle journée d'automne avait de plus hautes et plus vieilles murailles que celles du faubourg Saint-Antoine. De tous les centenaires que nous a légués la Révolution, aucun peut-être n'a été célébré en plus de langues[1]. »

Mais si la Constituante, animée de sentiments humanitaires, avait dégrevé les Juifs des lourdes charges qui les écrasaient et supprimé les mesures de police vexatoires qui les entouraient ; si, dans la limite de ses moyens, elle avait pu les prémunir contre les iniquités sociales ; si elle leur avait accordé les droits de l'homme en les déclarant citoyens ; si enfin, toujours enthousiaste pour les grandes et généreuses idées, elle les avait comblés de ses bienfaits ; elle était malheureusement restée impuissante à les régénérer. La philanthropie avait pu changer la loi : les Juifs seuls pouvaient ramener l'opinion.

« Ils participèrent légalement aux droits communs des Français à dater de cette époque,

1. A. Leroy-Beaulieu. *Israël chez les Nations*, 1893, page 3.

mais, en fait, cette situation leur fut longtemps contestée dans bien des régions[1]. »

Le préjugé antisémite était si profond en Alsace et en Lorraine qu'en 1793 (brumaire an II) au moment de la plus grande émancipation théologique et du plus haut enthousiasme social, les Jacobins de Nancy n'hésitèrent pas à soumettre à ceux de Paris un arrêté d'expulsion en masse hors de France de tous les Juifs qui s'y trouvaient. On fit valoir au club de la rue Saint-Honoré que tous les Israélites français remplissaient avec zèle les devoirs civiques depuis la Révolution, et la société passa à l'ordre du jour[2]. Cette proposition des Jacobins de Nancy était assurément trop grave pour n'avoir pas au moins quelque raison d'être.

Le 6 mai an II Marc-Antoine Baudot, représentant du peuple près les armées du Rhin et Moselle écrivait de Strasbourg à son ami

1. *Le mouvement religieux à Paris pendant la Révolution*, par le Dr Robinet, tome, I, page 330.

2. Cf. *Journal des Débats et de la Correspondance de la Société des Jacobins*, n° 524, page 339, 8e jour du 2e mois de l'an II.

Ch. Duval, directeur du *Journal des Hommes libres* à Paris, les réflexions suivantes :

« La race juive mise à l'égal des bêtes de somme par les tyrans de l'ancien régime aurait dû se dévouer toute entière à la cause de la liberté qui la rend aux droits de l'homme. Il n'en est rien. Les Juifs nous ont trahis dans plusieurs petites villes et villages du côté de Weissembourg. On serait en peine pour en compter dix, reconnus patriotes, dans les départements du Haut et du Bas-Rhin. Il en est de même à Bayonne et à Bordeaux ; partout, ils mettent la cupidité à la place de l'amour de la patrie, et leurs ridicules superstitions à la place de la raison. »

Le 30 juillet de la même année, Carnot, représentant du peuple envoyé près l'armée du Nord, envoyait, dans une lettre adressée de Cassel, aux membres du Comité du Salut public les renseignements suivants :

« Les Juifs ramassent tous les gros sols, qu'ils payent sur le pied de 10 francs en assignats pour 6 francs en espèces. Je suis très convaincu que vous pareriez tout d'un coup au malheur qu'on peut prévoir, en décrétant que le sol ordinaire vaudra désormais deux sols, c'est-à-dire qu'ils seront reçus et donnés en payement pour deux sols dans les caisses publiques[1]. »

Les plaintes affluèrent de tous côtés contre les Juifs, qui, grisés par l'air réconfortant de la liberté, profitèrent, pour s'enrichir, des troubles causés par les violences démagogiques, se montrant ainsi indignes des faveurs dont ils avaient été l'objet et qu'enviaient leurs coreligionnaires étrangers.

« En l'an 5 de la République (1796-1797) on leur reprochait encore de ne point s'être amendés pour le fait de la réhabilitation généreuse que la Révolution avait prononcée à leur profit, mais d'avoir continué envers et contre tous leur négoce traditionnel et implacable, d'avoir contribué, par leurs spéculations improbes, à précipiter le discrédit et la chute des assignats, d'avoir trouvé une mine inépuisable dans le désordre de nos finances qui

1. Et. Charavay. *Correspondance générale de Carnot*, page 423.

servit à toutes leurs spéculations ; d'avoir cherché dans la fermeture des Monts de Piété une occasion de prêts usuraires, enfin d'avoir fait payer monstrueusement cher les services d'argent que la République fut amenée à réclamer d'eux[1]. »

Fils ingrats de la Révolution, ils saluèrent avec enthousiasme l'arrivée au pouvoir de Napoléon.

1. *Le Mouvement religieux à Paris pendant la Révolution*, par le docteur Robinet, tome I, page 330.

CHAPITRE DEUXIÈME

LES PREMIÈRES ANNÉES DE L'EMPIRE
GRIEFS DE NAPOLÉON CONTRE LES JUIFS

En rétablissant l'Empire à son profit, Napoléon faisait revivre le régime de l'arbitraire. Comment allait-il traiter les Juifs? Il était permis de poser sur cette question comme sur beaucoup d'autres, un redoutable point d'interrogation.

A ne les considérer qu'au point de vue physiologique, les Juifs ne présentaient pas le caractère du type national. Mais, Napoléon pouvait-il leur en tenir rancune, lui chez qui, au premier coup d'œil, on démêlait l'étranger, l'Italien? Car, Italien, il l'était, d'extraction et de sang. « Mon origine, dit-il lui-même, m'a fait regarder par tous les Italiens, comme un compatriote... Quand il fut question du mariage de ma sœur Pauline avec le prince Borghèse, il n'y eut qu'une voix à Rome et en

Toscane, dans cette famille et chez tous ses alliés : « C'est bien, ont-ils dit, c'est entre nous, c'est une de nos familles[1]. »

L'empereur, d'ailleurs, faisait bon marché de ces questions de nationalité. Lors de la discussion du titre de la jouissance et de la privation des droits civils devant le Conseil d'Etat, (séance du 24 juillet 1801) il avait demandé que tout individu né en France fût Français. Il n'envisageait la question que sous le rapport de l'utilité. Il voulait avoir le plus de citoyens possible, et, partant, augmenter le nombre de ses soldats. Les Juifs ne pouvaient-ils donc faire, comme les autres, de la chair à canon ?

Ce peuple avait longtemps bravé la puissance des armes et n'était pas tombé sans grandeur. Vaincus, abandonnant une terre qui ne pouvait plus faire naître en eux que des souvenirs de malheurs et de ruines, dispersés chez les nations, victimes de l'opprobre et de l'iniquité, les Juifs s'étaient résignés à vivre

1. Taine. *Origines de la France contemporaine Le régime moderne*. I. p. 5.

dans leur dispersion, mais non sans avoir eu longtemps les yeux tournés vers la patrie perdue. Devant le spectacle d'une telle infortune, l'Empereur ne devait-il pas se rappeler qu'il n'était devenu Français que par contrainte, et que, pendant de longues années, il s'était raidi dans son patriotisme insulaire? Ne se sentait-il pas dépaysé lui-même à Brienne, uniquement attaché au sol et aux institutions de cette Corse que son père avait trahie, et que Paoli avait si vaillamment défendue ? « Paoli, disait-il, était un grand homme, il aimait son pays, et jamais je ne pardonnerai à mon père qui a été son adjudant, d'avoir concouru à la réunion de la Corse à la France : il aurait dû suivre sa fortune et succomber avec lui. » « Je naquis, écrivait-il, quand la patrie périssait. Trente mille Français, vomis sur nos côtes, noyant le trône de la liberté dans des flots de sang, tel fut le spectacle odieux qui vint frapper mes regards. Les cris des mourants, les gémissements de l'opprimé, les larmes de désespoir entourèrent mon berceau dès ma naissance. Je veux noircir du pinceau de l'infamie

2.

ceux qui ont trahi la cause commune, les âmes viles que corrompit l'amour d'un gain sordide. »

Etait-il donc chimérique, pour les Juifs, de fonder des espérances sur l'arrivée au pouvoir de ce petit parvenu, comme l'appelait son ancien protecteur Barras ? N'avait-il pas donné des gages de sa tolérance pendant la campagne d'Italie, et notamment lors de l'occupation d'Ancône, où il avait affranchi les Juifs, très nombreux dans cette ville, des anciens usages humiliants et contraires aux droits de l'hospitalité[1].

Dans tous les cas, il fallait s'efforcer de se concilier la faveur de cet homme qui, parmi « les fanatismes et le heurt des partis », s'était montré indifférent à toute cause, dévoué seulement à sa propre fortune.

Deux mois à peine s'étaient écoulés depuis le couronnement de Napoléon, qu'une grande fête hébraïque fut organisée pour fêter ce joyeux évènement. Elle eut lieu le 30 janvier 1805.

1. Œuvres de Napoléon à Sainte-Hélène. Correspondance, tome 29, page 270.

Une note insérée au *Moniteur Universel* du 3 février de la même année, publia que cette fête avait été en tous points digne de son objet, et qu'elle avait fixé au plus haut degré l'attention et l'intérêt des personnes appelées à y concourir.

L'Assemblée, composée principalement de Portugais, d'Allemands et de Français, se réunit dans la synagogue de la rue Sainte-Avoye. La salle était merveilleusement décorée et illuminée. Un discours fut prononcé sur l'objet de la fête ; puis le rabbin fit une invocation à Dieu en faveur de l'Empereur et de son auguste famille. Tous les assistants chantèrent ensuite les cantiques et les psaumes du culte hébraïque. La cérémonie fut célébrée dans le recueillement et avec les sentiments de respect et d'amour qu'inspirait celui pour lequel on implorait la protection divine. Elle se termina par un banquet où des toasts enthousiastes furent portés à l'Empereur et à sa famille ; on fit même une quête au profit des pauvres.

Les Juifs, par de telles manifestations

n'avaient qu'un but, celui de se ménager les bonnes grâces du nouveau César. Devenus presque aussi habiles dans l'art de la séduction que dans le trafic et le colportage, ayant toujours à leur disposition des arguments dorés et bien sonnants, essuyant les refus et supportant les injures avec une patience que rien ne rebutait, courbant la tête et pliant l'échine avec une servilité toujours égale, ils acceptaient, avec une reconnaissance à coup sûr moins sincère que politique, le joug de Bonaparte qui venait d'étouffer la République, leur bienfaitrice. Ces démonstrations de sympathie, cette souplesse quelque peu vile et doublée d'ingratitude, semblait, au premier abord, devoir servir leur cause. Car il fallait prendre des formes avec le jeune Empereur, qui déclarait un jour, sur un ton sec et sentencieux, que le « Roman de la Révolution était achevé, et qu'il fallait en commencer l'histoire. »

La question juive devait lui apparaître comme une des strophes les plus vagues et les plus nuageuses du poème révolutionnaire. Il était à craindre qu'il n'effaçât d'un trait de plume le décret bienfaisant de la Constituante qui avait appelé les Juifs à la vie civile.

Il faut en convenir, l'heure n'était pas opportune pour les manifestations israélites. Napoléon ne se payait pas de mots, ni de vaines louanges ; homme des réalités, il s'appuyait sur des faits ; et les Juifs commettaient une bien grave imprudence en se désignant alors et tout particulièrement à son attention. Toute enquête à leur sujet ne pouvait qu'être défavorable. Ne disait-on pas de tous côtés qu'ils ne reconnaissaient pour patrie que Jérusalem, pour législateur que Moïse, et qu'ils considéraient comme ennemis tous ceux qui ne professaient pas leur religion ? Leur conduite dénonçait trop leurs tendances.

En leur accordant tous les privilèges attachés au titre de citoyen, l'Assemblée Constituante avait espéré que pour bien témoigner de leur reconnaissance envers la patrie généreuse, ils abandonneraient résolûment et définitivement, après un certain temps d'efforts, leurs anciennes pratiques criminelles, se créeraient des mœurs neuves, et feraient acte enfin de loyal patriotisme et de bonne fraternité. Les mœurs, fruits de longs siècles écoulés, ne peuvent pas être brusquement renouvelées, ni tranformées instantanément comme un décor de théâtre sous le coup de baguette d'un machiniste.

« L'Assemblée Constituante, lisons-nous dans un rapport de Portalis, avait cru que pour rendre les Juifs bons citoyens, il suffisait de les faire participer indistinctement et sans condition à tous les droits dont les citoyens français jouissaient ; mais l'expérience a malheureusement prouvé que, si on n'avait pas manqué de philosophie, on avait manqué de prévoyance et que, dans certaines matières, on ne peut se permettre de promulguer utilement de nouvelles lois qu'autant que l'on a travaillé, avant tout, à préparer et à former de nouveaux hommes.

« L'erreur vient de ce qu'on n'a voulu voir qu'une question de tolérance religieuse dans le problème à résoudre sur l'état civil des Juifs en France.

« Les Juifs ne sont pas simplement une secte,

mais un peuple. Ce peuple avait autrefois son territoire et son gouvernement. Il a été dispersé sans pouvoir être dissous ; il erre sur tout le globe pour y chercher une retraite, et non une patrie; il existe chez toutes les nations sans se confondre avec elles ; il ne croit vivre que sur une terre étrangère.

« Cet ordre de choses tient à la nature et à la force des institutions judaïques.

« Quoique tous les Etats aient, en général, un même objet, celui de se conserver et de se maintenir, chaque Etat en a pourtant un qui lui est particulier : l'agrandissement, était l'objet de Rome ; la guerre, celui de Lacédémone ; la culture des lettres, celui d'Athènes ; le commerce, celui de Carthage, et la religion, celui des Hébreux.

« Les Juifs sont à peu près aujourd'hui ce qu'ils ont toujours été ; ils ne reconnaissent nos lois qu'autant qu'elles ne contrarient pas les leurs.

« Ils ne sont ni Français, ni Allemands, ni Anglais, ni Prussiens, ils sont Juifs.

« De ce que les Juifs sont moins une secte

qu'un peuple, il suit qu'il n'était pas prudent de les déclarer citoyens sans examiner s'ils pouvaient ou s'ils voulaient même franchement le devenir[1]. »

Les Juifs restaient donc Juifs, dans toute l'acception du terme, alors considéré comme la plus ignominieuse insulte. Leur tempérament demeurait foncièrement mercantile. Ne faisant rien de ce que l'on attendait d'eux, ils s'adonnaient à leur honteux négoce avec une audace que leur nouvelle situation dans l'Etat avait encore accrue. Leur âpreté au gain ne connaissait plus de bornes, et tous les moyens licites ou illicites leur paraissaient bons pour arrondir leur pécule.

« Depuis que l'Assemblée Constituante leur avait accordé des droits et une liberté dont ils ne jouissaient pas ailleurs, ils étaient accourus du fond de la Pologne et de toutes les parties de l'Allemagne ; ils s'étaient établis sur les bords du Rhin, et se donnant la main de l'une à l'autre rive, ils s'y livraient en toute

1. Rapport de M. Portalis à Napoléon Ier. 8 juillet 1806. Arch. Nat. S. Secr. A. F. IV. 300. Dr 2151.

sécurité aux ressources les plus honteuses de leur obscure industrie[1]. »

« C'était surtout dans la classe des colporteurs, brocanteurs, revendeurs, marchands d'espèces, prêteurs sur gages que se rencontraient ces hommes avides qui surprenaient la bonne foi ou abusaient de la faiblesse. La plupart étaient sans domicile fixe, sans commerce établi, étrangers à tout travail, n'exploitant pas par eux-mêmes les propriétés qui leur étaient échues ; leurs réduits obscurs étaient à peine connus de ceux avec lesquels ils trafiquaient ; ils erraient de village en village, de rue en rue, de maison en maison, offrant des facilités trompeuses[2]. »

Les Juifs avaient d'ailleurs été favorisés par les circonstances. Un grand nombre de cultivateurs, forcés de quitter leurs foyers pour échapper à la mort en 1793, avaient cédé à vil prix leurs biens aux Israélites. Lorsqu'ils revinrent en France ils voulurent en reprendre

1. Rapport des Commissaires à Napoléon, Mars 1807. Arch. Nat., S. Secr. A.F. IV. 300. dr 2150.

2. Rapport de Champagny à Napoléon, 9 avril 1807. Arch. Nat. S. Secr. AF IV. 300. dr 2151.

possession. Les Juifs, alors, spéculant sur leurs affections et leurs misères, les leur revendirent à un prix énorme. Les cultivateurs se trouvèrent dans l'impossibilité matérielle de solder les emprunts qu'ils avaient contractés pour redevenir maîtres de leur ancien patrimoine, et les Juifs en furent bientôt une seconde fois propriétaires.

« Les campagnes d'Alsace cessaient presque d'être fécondes. Ennemis de tout travail et refusant également leurs bras et leurs capitaux à l'agriculture, les Juifs distribuaient à location leurs nouveaux domaines à de pauvres laboureurs qui pour les bien cultiver manquaient ordinairement d'argent et de courage. Ceux des Alsaciens restés propriétaires dépendaient encore d'eux au moyen des emprunts auxquels ils étaient obligés de recourir. Ainsi, la portion de glèbe qui n'appartenait pas aux Juifs était frappée de leurs hypothèques[1] ».

Ces abus, consignés par le maréchal Kellerman dans ses rapports du 10 messidor et

1. Rapport des Commissaires à Napoléon. Mars 1807. Arch. Nat. S. Secr. AF IV. 300, dr 2150.

du 27 thermidor an XIII, sur les Juifs des départements du Haut et du Bas-Rhin, allaient toujours croissant.

« A l'exception de quelques familles, écrivait le maréchal quelques années plus tard, qui font honnêtement le commerce de la banque ou qui excercent sans reproches d'autres genres d'industrie, il est reconnu que la presque totalité des Juifs n'a d'autre commerce que le colportage et l'usure qui porte la désolation dans les campagnes et ruine les cultivateurs. »

En général, les Juifs exigent 1 fr. 50 par mois pour l'intérêt de 24 francs, ce qui porte l'intérêt des sommes qu'ils prêtent à 75 0/0 par an. Comme l'intérêt est joint au capital dans les effets qu'ils font souscrire, il est difficile d'obtenir la preuve juridique d'une usure aussi excessive. Il est rare que ceux qui sont réduits à la nécessité d'avoir recours aux Juifs puissent se libérer aux époques convenues. A l'échéance, les Juifs ne manquent pas d'obtenir des jugements de condamnation, et ils forment opposition aux hypothèques. La masse des créances pour lesquelles ils ont obtenu des inscriptions est effrayante. On assure qu'elle passe trente millions. Ils ont grand soin de ne pas laisser accumuler les intérêts au-delà de ce que les biens de leurs débiteurs peuvent garantir. Lorsqu'ils croient ne devoir plus accorder de termes, ils poursuivent la vente des biens. Le produit des expropriations forcées est d'environ 1.500.000 francs par an dans chacun des départements du Haut et du Bas-Rhin, et, sur cette somme, les Juifs, d'après les relevés qu'on a faits, ont à peu près les 6/7.

Les usures des Juifs sont si énormes, qu'elles ont donné lieu à un délit qui ne s'était pas encore présenté dans les cours criminelles d'Alsace. Ces cours ont eu à juger depuis quelque temps des causes pour de fausses quittances qu'on opposait aux Juifs, dont la mauvaise foi a seule inspiré l'idée... Il est temps d'arrêter les effets désastreux de cette cupidité qui est un vrai fléau surtout pour les campagnes[1]. »

1. Note particulière à sa Majesté sur les Juifs d'Alsace, par le maréchal d'Empire, sénateur, Kellermann, 23 juillet 1806. Arch. nat. S. Secr. AF IV dr 2151.

« Dans le département du Haut-Rhin, d'après un relevé fait par la direction de l'Enregistrement des domaines, des créances hypothécaires inscrites aux bureaux de conservation au profit des Juifs, depuis le commencement de l'an VII, jusqu'au 1er janvier 1806, on porte la somme totale à 21.199.286 francs ; en sorte que si, depuis l'an VII, aucune de ces inscriptions n'avait été purgée, les Juifs du Haut-Rhin auraient, en ce moment, pour plus de 23.000.000 de francs de créances hypothécaires sur les propriétaires de ce département. Si, d'une part, une partie de ces inscriptions n'a été que fictive, une autre a dû s'éteindre par les remboursements volontaires et les nombreuses expropriations forcées. D'un autre côté, les seules créances hypothécaires ne représentent pas, à beaucoup près, la totalité des créances sur des cultivateurs, car il existe d'ailleurs entre les mains des Juifs un grand nombre d'autres gages, tels qu'obligations sous seings privés, lettres de change, billets au porteur, et autres effets de toute nature. On évalue à 10.000.000 au moins la somme totale de ces créances exigibles. Si l'on considère que la contribution foncière de ce département ne s'élève en principal qu'à 1.800.000 francs, on reconnaît que la totalité de ces créances excède une année du revenu des propriétés foncières ; encore faut-il remarquer que les Juifs sont déjà devenus propriétaires par achats ou par expropriations forcées, d'une partie considérable de ces propriétés; que leurs créances hypothécaires portent principalement sur les domaines ruraux, sur la classe la plus pauvre et la plus laborieuse, et qu'elles représentent une accumulation d'intérêts usuraires et une foule de transactions honteuses, où le véritable prêt en numéraire ne forme qu'une part bien faible du principal qu'on a emprunté[1]. »

Non seulement l'usure était excessive, mais, chose plus grave, elle devenait contagieuse. « Les Juifs apportaient autant de désordres dans la société qu'ils y causaient de souffrances. On eût dit qu'ils enseignaient à ceux

1. Rapport de Champagny à Napoléon, 9 avril 1807. Arch. Nat. S. Secr. AF IV. 300 dr 2151.

qu'ils dépouillaient l'oisiveté et la corruption, tandis qu'ils ôtaient leur moralité à ceux qu'ils ne dépouillaient pas.

Des notaires publics, séduits par eux, employaient leur ministère à cacher leur honteux trafic, et des domestiques, des journaliers leur apportaient le prix de leurs services ou de leurs journées afin qu'ils le fissent valoir comme leurs propres deniers. De cette manière, les professions utiles étaient abandonnées par un certain nombre de Français qui s'accoutumaient à vivre sans travail des profits de l'usure[1]. »

Les Juifs mésusaient donc de tous les droits qui leur avaient été accordés ; ils s'ingéniaient aussi à ne remplir aucun des devoirs qui leur étaient imposés. Pour permettre à leurs enfants d'éluder le service militaire, qui est le corollaire de la nationalité, les pères faisaient de fausses déclarations à l'état-civil. Les préfets de l'Empire adressaient sans cesse au ministre de l'intérieur des plaintes sur les fraudes

1. Rapport des commissaires à Napoléon, mars 1807. Arch. Nat. S. secr. AF IV, 300, d° 2150.

dont usaient les Juifs pour ne pas obéir aux lois sur la conscription. « D'après les renseignements fournis par le directeur de la conscription, sur soixante-six Juifs, qui dans un laps de six ans devaient faire partie du contingent de la Moselle, aucun n'était entré dans les armées[1]. »

« Sous l'Empire comme avant la Révolution, on pouvait donc dire que les Juifs formaient un peuple partout et une société nulle part, qu'exilés dans tous les lieux où ils habitaient, sans prêtres, sans chefs, sans magistrats, sans mœurs publiques, sans patrie, ils offraient incessamment la preuve qu'hors l'état de société, l'homme ne peut que s'avilir[2]. »

Sur tous les points du territoire, des plaintes s'élevaient contre les Juifs, nombreuses et pressantes; partout ils pratiquaient avec la passion la plus effrénée leurs scandaleuses manœuvres. Mais c'était surtout l'Alsace que la

1. Observations de l'archichancelier au Conseil d'Etat, juin 1807. Arch. Nat. S. secr. AF IV. 300 dr 2151.

2. Rapport des commissaires à Napoléon, mars 1807. Arch. Nat. S. secr. A. F. IV. 300 dr 2150.

guerre avait déjà tant éprouvée, qu'ils avaient mise en coupe réglée. Le fougueux adversaire des Juifs à la Constituante, l'abbé Maury, qui s'attachait de plus en plus à la fortune de Napoléon et allait devenir aumônier du roi Jérôme, avait donc le don de prophétie quand, quinze années auparavant, il assimilait les Juifs aux corsaires barbaresques et s'écriait : « Si vous les déclarez citoyens, dans dix ans l'Alsace ne sera plus qu'une colonie Juive. » Les évènements lui donnaient raison. Les Juifs allaient devenir propriétaires et maîtres de toute l'Alsace.

Tant d'exactions devaient finir par lasser la patience des Alsaciens, qui, ruinés par l'usure et l'expropriation, professaient pour les brocanteurs et marchands juifs une haine profonde et invétérée.

« Une grande irritation, dit Pelet de la Lozère, se manifesta en 1806 dans l'Alsace contre les Juifs. On parlait dans les cabarets de les massacrer. Les négociants d'une classe élevée n'étaient pas exempts eux-mêmes de cette irritation. Telle était l'exaspération contre eux qu'on pouvait craindre de voir se renouveler à leur égard les scènes de barbarie du Moyen-Age[1]. »

Vers la même époque dans d'autres pays, on ne s'en tenait pas aux menaces. En Algérie, les populations indigènes massacraient les Juifs sans pitié. Voici comment le *Moniteur Universel* enregistrait cette nouvelle.

« Livourne, 21 messidor an XIII.

« Il vient de débarquer en le lazaret, pour y être en quarantaine, 170 Juifs qui se sont sauvés d'Alger.

Les fugitifs, en abandonnant le pays, n'ont pu être témoins que du commencement de la scène[2]. »

« Livourne, 5 thermidor an XIII.

« L'horrible massacre d'Alger est confirmé. Hier, il est arrivé dans ce port, après dix jours de navigation une polocre ragusienne ayant à

1. Pelet de la Lozère. *Opinions de Napoléon sur divers sujets de politique et d'administration*, page 211.

2. *Moniteur Universel*. 1er thermidor an XIII.

bord 279 Juifs et une Chrétienne qui était esclave. Le capitaine Gio Sanchich a rapporté que le prix des denrées de première nécessité avait exaspéré les habitants et les troupes. L'insurrection éclata par le massacre de Bussnach, premier ministre et agent du Consulat de Raguse. L'attroupement se porta contre les Juifs et il y en eut 130 de tués et autant de blessés. Le dey fut menacé de perdre la vie s'il ne consentait pas au pillage des maisons des Juifs[1]. »

Les Français, pour se faire justice, allaient-ils donc se trouver dans la nécessité d'agir à l'égard des Juifs, comme l'avaient fait les Algériens ?

Si l'on voulait prévenir un soulèvement général, et l'extermination des Israélites par des malheureux las d'être pressurés, il fallait prendre promptement des mesures énergiques contre une secte, misérable objet de tant de haines.

Napoléon qui s'était tout d'abord appliqué

1. *Moniteur Universel.* 21 thermidor an XIII. Extrait du *Bulletin de l'Europe.*

à débarrasser la France des exploits chaque jour plus effrénés des Chouans et des Chauffeurs, et des brigands de grand chemin, devait être amené à considérer les Juifs comme des pillards d'un autre ordre, mais non moins dangereux, et à mettre un frein à leurs excès. Il y avait à faire de ce côté une œuvre de police et de gendarmerie qu'attendait la nation du maître aux bras duquel elle s'était jetée.

On a prétendu que l'animosité de l'Empereur contre les Juifs lui fut suggérée par une véritable cabale religieuse dont M. de Bonald fut un des inspirateurs les plus passionnés[1]. Fontanes, Molé, de Bonald et tous les adversaires les plus ardents des Israélites, au milieu des violentes polémiques soulevées par la question juive, donnèrent sans doute libre carrière à leur fougue religieuse contre ce peuple « qui a toujours été repoussé par nos mœurs, beaucoup plus qu'il n'a été opprimé par nos lois, plante vivace dont rien ne peut arrêter l'accroissement et qui fructifie dans

1. Léon Kahn. *Les Juifs de Paris sous la Révolution* p. 317.

tous les climats, entre les bénédictions du ciel et les malédictions de la terre[1]. »

Mais, en définitive, quels arguments apportaient-ils à l'appui de leur thèse ? Ils prétendaient que la Constituante, Assemblée d'idéologues, avait mal légiféré en changeant l'état politique des Juifs avant de corriger leurs vices. Ils considéraient les malheurs des Israélites comme le châtiment d'un crime et l'accomplissement d'un terrible anathème. « Les Juifs, disaient-ils, ne peuvent pas être, et même quoi qu'on fasse, ne seront jamais citoyens sous le christianisme sans devenir chrétiens. » En complet désaccord avec les principes de leur religion et de leur morale, faisant un reproche aux Juifs de considérer le mariage comme un devoir religieux, la fécondité comme une bénédiction, et la stérilité comme un opprobre, s'appuyant sur des données historiques hasardées et souvent même erronées, ils développaient des sophismes, des lieux communs, faisaient à l'émancipation

1. *Mercure de France*, 8 février 1806. *Sur les Juifs*, par de Bonald.

juive des objections paradoxales depuis longtemps réfutées, et que réfutèrent à nouveau et avec la plus grande facilité, tout d'abord, « une Juive de beaucoup d'esprit[1], et après elle, un autre Juif du nom de Rodrigues.

Est-il donc permis de supposer que Napoléon, pour lequel il n'existait ni loi, ni règle idéale et abstraite, auquel un principe général déplaisait ou comme une niaiserie ou comme un ennemi, qui n'examinait les choses et les évènements que sous le rapport de leur utilité immédiate et du profit qu'il en pourrait tirer, ait pu se laisser séduire par les arguments si peu convaincants des adversaires de l'émancipation juive ? Pour tenir les Juifs en suspicion, n'avait-il pas des motifs plus sérieux que ceux mis en avant par quelques fanatiques ? Que lui importait, après tout, qu'un de ses sujets fût circoncis ou baptisé, qu'il criât Allah ou Jéhovah, fréquentât l'église, le temple ou la synagogue, fêtât Noël ou les Macchabées ?

Ce qu'il exigeait de tous, c'était une entière

1. Publiciste du 27 février 1806.

soumission à ses ordres, une obéissance passive aux lois qu'il faisait édicter, la contribution complète de chacun au bien et à la prospérité de l'État. Il ne détestait pas les Juifs parce qu'ils étaient Juifs ; il les favorisa même pendant les premières années de l'Empire. Nous voyons, en effet, dans son entourage, des Juifs célèbres comme le graveur Vivant Denon qui fut directeur du Musée Napoléon, comme Henry Simon, qui fut longtemps attaché au cabinet impérial, et combien d'autres ! Son antipathie contre les Israëlites avait des causes plus simples ; il les haïssait parce qu'il les considérait comme nuisibles.

Ils étaient citoyens, et n'avaient aucun souci des devoirs que ce titre leur imposait. Ils abusaient des droits qu'ils venaient d'acquérir pour se livrer sans pudeur à des pratiques dépravées et malhonnêtes. Enrichis par un trafic déshonorant, ils se servaient de leur fortune pour désobéir aux lois ; chose plus grave aux yeux de l'empereur, ils corrompaient les employés de l'état-civil, et faisaient enregistrer comme filles les enfants mâles qui leur étaient nés; ils changeaient de nom pour mieux se soustraire à la conscription[1]. »

Telle fut la véritable cause de l'animosité de Napoléon contre les Juifs ; et si l'on voulait la faire remonter à un fait particulier, il serait juste de dire qu'il fut vivement irrité en voyant marcher à la suite de ses armées des troupes entières de Juifs avides et voleurs, qui trafiquaient de tout et dépouillaient les cadavres.

On ne saurait donc, avec le moindre semblant de raison, faire naître les préventions de Napoléon d'une cabale purement religieuse. Quand il voulut, plus tard, régénérer les Juifs par la religion, son but fut surtout de fortifier son autorité en faisant peser son joug sur les consciences.

Dans sa campagne contre l'Autriche, en traversant l'Alsace, Napoléon recueillit les protestations indignées des paysans alsaciens. Les fidèles sujets se présentaient à l'empereur, « comme autrefois au roi Philippe-Auguste,

1. Arch. Nat. S. adm. F/2 410,413. Lettres des préfets de différents départements au Ministre de l'Intérieur.

pour se plaindre de voir le champ paternel devenir le gage et la proie de l'usure des Juifs[1]. » Il enregistra scrupuleusement ces plaintes et résolut de sévir.

Comme les lois existantes ne lui permettaient pas de déférer à la justice les brigands de l'usure, il lui parut rationnel de fabriquer contre eux des armes dont l'opinion publique ne l'incita que trop à se servir.

Dès son retour à Paris, il communiqua au grand juge Regnier la note suivante[2] :

Paris, 6 mars 1806.

La section de législation examinera :

1° S'il n'est pas convenable de déclarer que toutes les hypothèques prises par les Juifs faisant l'usure sont nulles et de nul effet ;

2° Que d'ici à 10 ans, ils seront inhabiles à prendre hypothèque ;

3° Qu'à dater du 1er janvier 1807, les Juifs qui ne possèderont pas une propriété, seront soumis à une patente et ne jouiront pas du droit de citoyen.

1. Arch. Nat. S. secr. AF IV, 300 dr 2150. Rapport à Napoléon des commissaires de S. M. pour traiter les affaires des Juifs. Mars 1807.

2. *Correspondance de Napoléon*. Tome XII, p. 190.

Toutes ces dispositions peuvent être particulièrement appliquées aux Juifs arrivés depuis dix ans et venus de Pologne ou d'Allemagne.

NAPOLÉON.

Ce projet de décret renvoyé aux sections de législation et de l'intérieur donna lieu, de leur part, à un rapport dont les conclusions étaient qu'on ne pouvait faire une loi d'exception contre les Juifs. Il vint en discussion devant le Conseil d'Etat, le 30 avril 1806.

Sous le Consulat et pendant les premières années de l'Empire, Bonaparte tolérait chez ses interlocuteurs au Conseil d'Etat, un ton et une allure de franche liberté. Mais, dès 1806, on ne le voyait plus dans la salle des séances, assis à la façon des écoliers, sur un coin du bureau, balançant les jambes, « si petit que ses pieds ne touchaient pas le sol », causant familièrement avec les conseillers, les maîtres des requêtes, les auditeurs qui se pressaient autour de lui. L'homme était devenu plus autoritaire, sa volonté plus impétueuse, son ton plus cassant. Au milieu des plus ardentes discussions, il menaçait de reprendre son sabre, et se proposait, dans les moments de violente colère, de faire jeter à l'eau, tous ces métaphysiciens, « vermine attachée à son habit. »

Il n'était pourtant pas encore arrivé, comme après Tilsitt, au point de ne pouvoir supporter aucune liberté de langage, et de répondre à tous ses contradicteurs par ce mot resté célèbre : « C'est de l'idéologie », ce qui revenait à dire : « Je ne vous ferai même pas l'honneur de vous répondre. »

Dans cette séance du 30 avril 1806, quelques membres du Conseil d'Etat purent donc librement exprimer leur avis sur la question juive, et firent remarquer à l'Empereur qu'il y avait un grand nombre de Juifs fort estimés à Gênes, à Marseille, à Bordeaux, en Hollande, que les torts imputés à ceux d'Alsace ne tenaient point à leur religion, mais à des circonstances locales qu'il convenait de faire disparaître.

L'histoire nous a conservé le nom de ces hommes, imbus des idées généreuses de la Révolution, qui osèrent bravement se déclarer partisans du maintien intégral des droits accordés aux Juifs.

C'étaient Regnault de Saint-Jean d'Angély, alors président du Conseil d'Etat, le marquis de Ségur, et Beugnot, futur ministre des finances du roi de Westphalie, qui, sous la Terreur avait dénoncé Marat comme ayant provoqué l'assassinat du général Dillon, qui fit rendre contre lui le décret d'accusation, et qui, plus tard, en 1819, député de la Seine-Inférieure, siégea à gauche, et défendit avec véhémence le principe de la liberté de la presse.

« Pour ces hommes politiques et ces légistes, il ne semblait pas qu'il y eût difficulté, ni matière à un doute ; aucune disposition légale n'autorisait à établir la moindre différence entre les citoyens professant une religion quelconque. S'enquérir de la croyance d'un créancier pour savoir s'il avait le droit d'être payé, c'était une étrange idée aussi contraire aux opinions générales et aux mœurs actuelles qu'aux textes légaux[1]. »

1. *Revue des Deux-Mondes*, 1867, juillet-août. Article sur les souvenirs de M. de Barante, par M. Guizot.

Les Juifs trouvèrent donc au Conseil d'État quelques défenseurs ; ils y rencontrèrent, en revanche, un plus grand nombre d'adversaires. Dans le camp des détracteurs se rangèrent d'abord ceux qui cherchaient le repos dans les institutions de l'ancienne France, et qui ne demandaient qu'à restaurer, fût-ce avec Bonaparte, la pure et véritable monarchie des Bourbons ; puis aussi, et surtout, ceux qu'avaient scandalisés les abus financiers d'une secte qui venait à peine de recevoir le baptême de la nationalité. A leur tête étaient de Bonald, Fontanes et Molé. « Il fallait, disaient-ils, expulser les Juifs et confisquer leurs biens. »

Les préférences de l'Empereur devaient être pour ces derniers. Mais il se défendit toujours d'admettre complètement leurs idées. Son opinion flottait entre les deux opinions extrêmes qui séparaient le Conseil.

Comme il n'était pas dans son caractère de se borner à jouer un rôle muet, il n'hésita pas à jeter dans le conflit des idées le poids de son avis. Au milieu de ces vieux jurisconsultes, pleins de science et riches de souvenirs, le jeune empereur que Cambacérès appelait : « la Législation incarnée », qui prétendait que « pour gouverner il fallait être militaire » ou encore « qu'on ne gouvernait qu'avec des éperons et des bottes » se leva et prit la parole. Avec des mots saisissants qu'il se plut à répéter, il demanda des lois d'exception contre les Juifs.

« La législation[1], dit-il, est un bouclier que le gouvernement doit porter partout où la prospérité publique est attaquée. Le gouvernement français ne peut voir avec indifférence une nation avilie, dégradée, capable de toutes les bassesses, posséder exclusivement les deux beaux départements de l'ancienne Alsace. Il faut considérer les Juifs comme une nation, et non comme une secte. C'est une nation dans la nation, il faut lui enlever, au moins pendant un temps déterminé le droit de prendre des hypothèques, car il est trop humiliant pour la nation française de

1. Pelet de la Lozère. *Opinions de Napoléon sur divers sujets de politique et d'administration.* — Thibaudeau *Mémoires sur l'Empire*, tomes III.

se trouver à la merci de la nation la plus vile. Des villages entiers sont expropriés par les Juifs ; ils ont remplacé la féodalité. »

Et Napoléon s'emporte ; sa tête se monte comme celle d'un improvisateur italien ; il devient terrible dans sa philippique.

« Ce sont de véritables nuées de corbeaux ; on en voyait aux combats d'Ulm qui étaient accourus de Strasbourg pour acheter aux maraudeurs ce qu'ils avaient pillé. Il faut prévenir par des mesures légales l'arbitraire dont on se verrait obligé d'user envers les Juifs. Ils risqueraient d'être massacrés un jour par les Chrétiens d'Alsace, comme ils l'ont été si souvent et par leur faute. Les Juifs ne sont pas dans la même catégorie que les protestants et les catholiques : il faut les juger d'après le droit politique et non d'après le droit civil, puisqu'ils ne sont pas citoyens.

« Il serait dangereux de laisser tomber les clefs de la France, Strasbourg et l'Alsace, entre les mains d'une population d'espions qui ne sont point attachés au pays. Les Juifs autrefois ne pouvaient pas même coucher à Strasbourg ; il conviendrait peut-être aujourd'hui de statuer qu'il ne pourrait pas y avoir plus de 50.000 Juifs dans le Haut et le Bas-Rhin; l'excédent de cette population se répandrait à son gré dans le reste de la France.

« On pourrait aussi leur interdire le commerce en se fondant sur ce qu'ils le souillent par l'usure, et annuler leurs transactions comme entachées de fraude. »

Le mot décisif est prononcé. L'Empereur a mis à nu sa pensée; il a exprimé nettement ce qu'il a l'intention de faire et ce qu'il fera dans un avenir prochain.

Il faut considérer les Juifs comme une nation; il faut les juger d'après le droit politique puisqu'ils ne sont pas citoyens.

Deux ans avant le décret de 1808, Napoléon énonce la formule suprême des lois d'exception contre les Juifs. Son idée est bien arrêtée, sa résolution inébranlable. Et dès cette première séance, quand les conseillers l'entendirent invoquer le salut public contre les Juifs qu'il représentait comme des animaux malfaisants, ils durent se rappeler cette fameuse journée où il avait comparé les Jacobins à « des loups enragés » et proposé de les condamner lui-même[1]. Ils durent comprendre, comme trop souvent, hélas! qu'il n'y avait plus de résistance possible. Il fallait céder et s'incliner devant la décision impériale.

Aussi dans la séance suivante qui a lieu le 7 mai, les partisans des Juifs ne font-ils plus entendre que de timides protestations. Ils réprouvent les mesures exceptionnelles; mais, frappés des méfaits toujours plus nombreux des Juifs, ils proposent d'expulser seulement les Juifs ambulants qui ne justifieront pas du titre de citoyens français, et de reconnaître aux tribunaux le droit d'employer contre l'usure leur pouvoir discrétionnaire. Les adversaires des Israélites, par la voix même du rapporteur réclament la déportation en masse de la population Juive.

L'Empereur ne veut s'en tenir à aucune de ces mesures qu'il juge insuffisantes ou mau-

1. Mémoires de Miot de Melito.

vaises. Le pouvoir discrétionnaire des juges n'existe pas ; quant à l'expulsion, c'est une mesure arbitraire. Il faut donc faire contre les Juifs une loi d'exception et leur interdire le commerce.

« La nation Juive, dit-il, est constituée, depuis Moïse, usurière et oppressive ; il n'en est pas de même des Chrétiens ; parmi eux, les usuriers font exception et sont mal notés.

« Ce n'est donc pas avec des lois de métaphysique qu'on régénérera les Juifs. Il faut ici des lois simples, des lois d'exception. On ne peut rien proposer de pire que de chasser un grand nombre d'individus qui sont hommes comme les autres. La législation peut devenir tyrannique par métaphysique comme par arbitraire. Les juges n'ont point de pouvoir discrétionnaire ; ce sont des machines physiques au moyen desquelles les lois sont exécutées, comme l'heure est marquée par l'aiguille d'une montre. Il y aurait de la faiblesse à chasser les Juifs ; il y aurait de la force à les corriger. On doit interdire le commerce aux Juifs, parce qu'ils en abusent, comme on interdit son état à un orfèvre qui fait du faux or. La métaphysique a égaré le rapporteur au point de lui faire préférer une mesure violente de déportation à un remède plus efficace et plus doux.

« Cette loi demande à être mûrie. Il faut assembler les États-Généraux des Juifs, c'est-à-dire, en mander à Paris cinquante ou soixante, et les entendre. Je veux que cette synagogue ait lieu le 15 juin. Je suis loin de vouloir rien faire contre ma gloire et qui puisse être désapprouvé par la postérité, comme on le fait entendre dans le rapport. Tout mon Conseil réuni ne pourrait me faire adopter une chose qui eût ce caractère; mais je ne veux pas qu'on sacrifie à un principe de métaphysique et d'égoïsme le bien des provinces. On ne se plaint pas des protestants et des catholiques comme on se plaint des Juifs; c'est que le mal que font les Juifs vient, non des individus, mais de la Constitution même de ce peuple. Ce sont des chenilles, des sauterelles qui ravagent la France. »

« Il faut fixer l'intérêt légal comme en Angleterre ; ce sera une règle pour l'honnête homme. Le tribunal de commerce de Paris vient de faire une chose scandaleuse en accordant à M. Séguin quatre millions d'intérêts sur le pied de 42 0/0. Les économistes ont fait de l'homme une brute en soutenant que sa conscience ne pouvait être affectée par la déclaration d'un intérêt legal. Le revenu des terres doit être la mesure de l'intérêt légal ; l'Angleterre est à cet égard dans un système illusoire. Je voudrais qu'on appliquât aux prêts à intérêt le principe de la lésion d'outre moitié et qu'on examinât s'il ne convient pas de fixer le taux de l'intérêt légal à cinq pour cent et entre commerçants à six pour cent. »

Napoléon est donc opposé à l'expulsion des Juifs ; il veut les corriger. Ennemi déclaré de cette « ténébreuse métaphysique », sur laquelle il n'hésitera pas à faire retomber plus tard, non sans audace, tout le poids de nos désastres il répudie, avec la dernière énergie, toute loi semblable à ce décret de 1791 qui a mis les

Israélites sur le pied d'égalité avec les autres Français. Il faut traiter ces gens-là d'une façon toute spéciale et exceptionnelle, puisqu'ils ne peuvent vivre sous le droit commun sans faire de mal. Et comme le mal qu'ils font provient de leur constitution étrangère, de leurs livres saints et de leur politique traditionnelle d'isolement avec les autres individus, il faut assembler les État-Généraux des Juifs, leur faire préparer par eux-même une loi qui doit être dirigée contre eux.

Mais en attendant cette réforme urgente, il est nécessaire d'empêcher les Juifs d'engendrer un mal plus grand ; il faut agir d'une façon provisoire.

L'Empereur fait remanier par son rapporteur la rédaction du projet de loi.

Dans une nouvelle séance du Conseil d'Etat, le 21 mai 1806, on lui en donne lecture. Les conseillers, hommes graves par leur réputation et par leur âge, qui portent la responsabilité morale de ce décret, discutent à perte de vue, et l'Empereur les écoute, « mutilant sans doute, selon son habitude, comme le rapporte un témoin oculaire, un crayon avec son canif, piquant avec le même canif le tapis de la table ou le bras de son fauteuil, usant son crayon à des griffonnages et à des traits bizarres. » Il ne trouve pas encore la rédaction à son goût.

« Ce projet sur les Juifs, s'écrie-t-il, est trop long et la rédaction doit en être changée ; on ne me fait pas parler le langage qui me convient ; le souverain ne doit pas faire mention dans ses actes de ce que le public pense ou ne pense pas, ni lui prêter sur le gouvernement telle ou telle opinion, car les lecteurs prendraient toujours le contre-pied. Si je dis dans le préambule du décret qu'aucune religion ne craint de ma part aucune persécution, beaucoup de lecteurs en concluront avec raison que les esprits ne sont pas très rassurés à cet égard. On doit avoir la ferme volonté de ne point persécuter, et laisser ensuite parler le public comme il lui plaît. J'ai là-dessus des idées arrêtées dont on ne me fera point revenir. Je me charge de corriger moi-même la rédaction. »

Le 30 mai paraît un décret impérial portant sursis à l'exécution des jugements rendus en faveur des Juifs contre des cultivateurs non négociants de plusieurs départements de l'Empire.

Cette fois, la rédaction en est claire et précise ; c'est Napoléon lui-même qui en est l'auteur ; elle est donc à son gré. Il y a apporté, comme à tout ce qu'il fait, son intelligence si merveilleusement douée. Malheureusement, ce décret n'atteindra pas son but. Les cultivateurs, après comme avant, resteront opprimés. Cette mesure n'est d'ailleurs que provisoire ; elle n'est, en quelque sorte, que le préambule des lois d'exception de 1808.

CHAPITRE III

NAPOLÉON ET LA RELIGION ISRAÉLITE

§ I

Les Idées de Napoléon sur la Religion.

Le vote de ce décret du 30 mai 1806, si l'on écarte les timides protestations de quelques membres du Conseil d'Etat, nous montre déjà jusqu'à quel point, à cette époque, on a perdu le sens de la légalité.

L'Empereur, sans doute, a de justes griefs contre les Juifs dont les abus, les excès, les dérèglements méritent et exigent même une répression ; mais sa conduite à leur égard est, en principe, contraire à tout sentiment de droit et de justice ; il use envers eux de moyens illégaux, et partant condamnables ; et le Conseil d'Etat se fait en quelque sorte son complice en ne s'opposant pas avec plus de courage aux décisions impériales. Les hommes de cette génération ont déjà assisté à tant de coups de force qu'ils ne s'étonnent pas outre mesure de ces procédés despotiques.

L'Empereur, au reste, comme s'il éprouvait le besoin d'excuser cet arbitraire auprès de la postérité, prétend n'avoir en vue que le bonheur même des Juifs ; il veut l'amélioration de leur sort par la régénération de leurs mœurs ; et, pour mieux leur faire abandonner leurs anciens errements, il va réorganiser leur religion.

Il y a bien, certes, dans le caractère de Napoléon un côté philanthropique, et c'est surtout pendant la jeunesse du futur Empereur que se révèlent le plus ses tendances humanitaires. En garnison à Valence, lieutenant en second au régiment de La Fère, ne compose-t-il pas, en effet, un mémoire « sur les principes et institutions à donner aux hommes pour les rendre le plus heureux possible » ?

L'explication que Napoléon donne lui-même à sa conduite peut donc paraître à la rigueur vraisemblable. Mais cette organisation de la religion israélite qu'il poursuit et réalise, n'est-elle pas plutôt fille de l'ambition personnelle et, comme toutes les institutions de cette époque, ne fait-elle pas partie du vaste plan de réaction et de restauration monarchique, si profondément conçu par Napoléon et exécuté par lui avec tant d'énergie ?

L'Empereur, en somme, n'a qu'un culte, celui de sa propre puissance ; la religion n'est pour lui qu'un solide instrument de règne, une sorte de machine qui permet d'assouplir les esprits, de les diriger, de les dominer enfin et de se les attacher.

Catholique, musulman, protestant, juif même, et surtout libre-penseur, il est tout à la fois ; son tempérament se plie à toutes les règles religieuses ; il s'assimile tous les dogmes avec une étonnante facilité. Napoléon se range indifféremment sous toutes les bannières, ou plutôt il choisit et arbore celle qui lui plaît et lui convient, selon les circonstances et les lieux.

En Italie, quand il se trouve en présence des dignitaires de l'Eglise, il parle avec une respectueuse admiration de la beauté et de l'esprit de l'Evangile. A la veille de Marengo, il adresse aux curés de Milan un discours où il s'exprime en vrai confesseur de la foi :

« ... Nulle société ne peut exister sans morale ; il n'y a pas de bonne morale sans religion ; il n'y a donc que la religion qui donne à l'Etat un appui ferme et durable. Une société sans religion est comme un navire sans boussole. La France, instruite par ses malheurs, a rappelé dans son sein la religion catholique. Je ne puis disconvenir que je n'aie travaillé à cette belle œuvre. »[1]

En 1801, il conclut le Concordat avec Pie VII ; mais c'est, suivant le mot spirituel de La Fayette, afin de se faire casser la petite fiole sur la tête, d'avoir la direction sur le pape et par suite un levier sur le reste du monde. « Savez-vous ce que c'est que le concordat que je viens de signer ? disait-il à Cabanis. C'est la vaccine de la religion : dans cinquante ans, il n'y en aura plus. »

En Palestine, il passe pour entaché de

1. Correspondance de Napoléon, tome 6, page 338.

judaïsme ; on croit qu'il va restaurer l'ancienne Jérusalem. Le *Moniteur Universel* du trois prairial an VII de la République imprime cette dépêche de Constantinople :

« Bonaparte a fait publier une proclamation dans laquelle il invite les Juifs de l'Asie et de l'Afrique à venir se ranger sous ses drapeaux, pour rétablir l'ancien royaume de Jérusalem ; il en a déjà armé un grand nombre, et ses bataillons menacent Alep. »

En Egypte, afin d'assurer sa domination dans ce pays, Bonaparte promet aux cheiks et aux muftis de se faire mahométan. « Gloire à Allah ! s'écrie-t-il dans les pyramides de Chéops ; il n'y a de vrai Dieu que Dieu, et Mahomet est son prophète. Le pain dérobé par le méchant se réduit en poussière dans sa bouche. » — « Tu as parlé, dit le mufti, comme le plus docte des mullahs. » — « Je puis faire descendre du ciel un char de feu, continue Bonaparte, et le diriger sur la terre » — « Tu es le plus grand capitaine, répond le mufti, dont la puissance de Mahomet ait armé le bras. »

— « Vous voulez avoir la protection du prophète lui dit le chef des ulèmas de Gama-el-Azhar ; il vous aime ; vous voulez que les Arabes musulmans accourent sous vos drapeaux, vous voulez relever la gloire de l'Arabie, vous n'êtes pas idolâtre. Faites-vous musulman, cent mille Egyptiens et cent mille Arabes viendront de Médine et de la Mecque se ranger autour de vous, conduits et disciplinés à votre manière. Vous conquerrez l'Orient, vous rétablirez dans toute sa gloire la patrie du prophète. »

Le sultan El-Kébir, comme on appelle Bonaparte, est grisé par ces paroles ; il célèbre la fête de Mahomet avec les ulémas et les muftis ; il chante des litanies, récite des vers arabes à la louange du prophète. Le shérif de la Mecque lui confère le titre de serviteur de la sainte Kaaba ; les fanfares des régiments français donnent tour à tour des sérénades pour fêter le commencement de l'hégire. Le général sait que les Arabes n'attendent que sa conversion pour le suivre à la conquête de l'Asie. Il hésite pourtant, car il n'ignore pas que son armée ne pourra jamais se soumettre aux lois musulmanes. « Il y a deux grandes difficultés, répond-il aux cheiks El-Sadat et El-Bakri, qui s'opposent à ce que moi et mon armée puissions nous faire musulmans : la première est la circoncision, la seconde est le vin. Mes soldats en ont l'habitude depuis l'enfance ; je ne pourrais jamais leur persuader d'y renoncer. »

On décide alors qu'on peut être musulman et n'être pas circoncis ; puis, avec plus de difficulté, après une correspondance avec la Mecque, qu'on peut être musulman et boire du vin, si l'on fait des actions charitables.

Bonaparte fait alors dresser les dessins, les plans et les devis d'une mosquée assez grande pour contenir toute l'armée le jour où elle reconnaîtrait la loi de Mahomet.

Après la campagne de Syrie, à son retour d'Egypte, il se déclare prêt à embrasser la religion mahométane, et fait publier par les scheiks de Gama-el-Azhar, une proclamation qui se termine par ces mots : « Lorsque le général en chef est arrivé au Caire, il a fait connaître au divan qu'il aime les musulmans, qu'il chérit le Prophète, qu'il s'instruit dans le Coran, qu'il le lit tous les jours avec attention. Nous savons qu'il est dans l'intention de bâtir une mosquée qui n'aura point son égale dans le monde[1]. »

Chrétien en Italie, judaïsant en Palestine, musulman sur les bords du Nil, quand il est de retour à Paris, devant un pouvoir ennemi juré du christianisme et un peuple imbu des mêmes idées, il devient libre-penseur. Il est athée même avec Monge, Berthollet et Laplace. « Je crois, dit-il, que l'homme a été produit par le limon de la terre, échauffé par le soleil et combiné avec les fluides électriques[2]. »

Et quand il lui faut choisir une religion d'Etat, il hésite entre le catholicisme et le protestantisme. « On m'eût suivi bien plus volontiers, écrit-il, si j'eusse arboré la bannière protestante. C'est au point qu'au Conseil d'Etat où j'eus grand peine à faire

1. Œuvres de Napoléon à Sainte-Hélène. *Correspondance*, tome XXX, p. 75.

2. *Revue de Paris*, 15 janvier 1899. Conversations de Napoléon à Sainte-Hélène. Général baron Gourgaud.

adopter le Concordat, plusieurs ne se rendirent qu'en complotant d'y échapper. Eh bien, se disaient-ils l'un à l'autre, faisons-nous protestants, et cela ne nous regardera pas. Il est sûr qu'au milieu du désordre auquel je succédais, sur les ruines où je me trouvais placé, je pouvais choisir entre le catholicisme et le protestantisme, et il est vrai de dire encore, que les dispositions du moment poussaient toutes à celui-ci. » Il n'ose pourtant opter pour le protestantisme. « J'aurais créé en France, continue-t-il, deux grands partis à peu près égaux, alors que je voulais qu'il n'y en eût plus du tout. »

Quelquefois l'existence d'un Dieu lui paraît indubitable, mais il ne croit à aucune religion. « Pourquoi y en a-t-il tant ? Pourquoi se décrient-elles, se combattent-elles, s'exterminent-elles ? Pourquoi n'ont-elles pas toujours existé, et pourquoi sont-elles exclusives? Toutes les religions depuis Jupiter prêchent la morale. Je croirais à une si elle existait depuis le commencement du monde. Mais quand je vois Socrate, Platon, Moïse, Mahomet, je n'y crois plus ; tout cela a été enfanté par les hommes[1]. »

Avec toute la clarté désirable, il développe au Conseil d'État ses théories religieuses : « Quant à moi, dit-il, je ne vois pas dans la religion le mystère de l'incarnation, mais le mystère de l'ordre social ; elle rattache au ciel une idée d'égalité qui empêche que le riche soit massacré par le pauvre.

« La religion est encore une sorte de vaccination ou de vaccine qui, en satisfaisant notre amour du merveilleux, nous garantit du charlatanisme et des sorciers. Les prêtres valent mieux que tous les Cagliostro, les Kant, et tous les rêveurs d'Allemagne. »

Et pourtant, cet homme à l'esprit si positif et si net, est lui-même un rêveur au point de vue religieux. Entre deux guerres, quand le fracas des armées n'étouffe plus le tumulte toujours violent de ses pensées, songeur au milieu des splendeurs impériales, il aime à se reporter vers l'Orient, le berceau de toutes les

1. *Revue de Paris*. Conversations de Napoléon à Sainte-Hélène, général baron Gourgaud.

civilisations ; il rêve d'y créer une religion qui soit bien à lui, non pour les peuples de l'Europe, car, selon lui, l'Europe est une taupinière où il n'y a rien à faire, mais pour ceux de l'Orient, de cet Orient où, là seulement, on peut travailler en grand. Il se représente sur le chemin de l'Asie monté sur un éléphant, le turban sur la tête, et tenant dans les mains un nouvel Alcoran qu'il aurait composé à son gré.

Assurément, il n'est pas religieux, et l'espèce de superstition dont on a pu découvrir quelques traces dans son caractère, tient uniquement au culte qu'il a pour lui-même[1]. Il lui faut un clergé, comme des chambellans, comme des titres, comme des décorations, enfin comme toutes les anciennes cariatides du pouvoir.

Il n'aime pas les prêtres, « parce qu'ils ont toujours glissé partout la fraude et le mensonge[2] ». Mais il se sert d'eux « comme de

1. Madame de Staël. *Révolution française*, 2e édit. 1818, p. 274.

2. Correspondance de Napoléon Ier, t. XXXII, p. 324.

base et de racine[1] » car il veut tenir le sceptre et l'encensoir, diriger le monde religieux comme le monde politique, avoir deux armées, l'une blanche et l'autre noire.

« Ce n'est que dans le christianisme, dit-il encore au Conseil d'État, que le pontificat s'est trouvé ainsi séparé du gouvernement civil ; dans la république romaine, les sénateurs étaient les interprètes du ciel ; c'était le principal ressort de la puissance et de la solidité de ce gouvernement ; dans la Turquie et tout l'Orient, l'Alcoran est en même temps loi civile et évangile religieux[2]. »

Pour bien connaître la pensée du maître, il suffit de se reporter au célèbre discours de Portalis sur l'organisation des cultes du 15 germinal an X (5 avril 1802).

« L'État, dit cet orateur, ne pourrait avoir aucune prise sur des établissements et sur des hommes que l'on traiterait comme des étrangers à l'État...

1. Correspondance de Napoléon Ier, t. XXXII, p. 324.
2. Conseil d'État. Séance du 11 avril 1804. Petit de la Lozère.

« Dans les temps les plus calmes, il est de l'intérêt de l'État de ne point renoncer à la conduite des affaires religieuses. Ces affaires ont toujours été rangées par les différents codes des nations dans les matières qui appartiennent à la haute police de l'État...

« L'État n'a qu'une autorité précaire quand il a dans son territoire des hommes qui exercent une grande influence sur les esprits et sur les consciences, sans que ces hommes lui appartiennent au moins sous quelque rapport.

« La tranquillité publique n'est point assurée si l'on néglige de savoir ce que sont les ministres de la loi, ce qui les caractérise, ce qui les distingue des simples citoyens, et des ministres des autres cultes, si l'on ignore sous quelle discipline ils entendent vivre et quels règlements ils promettent d'observer.

« L'État est menacé si ces règlements peuvent être faits sans son concours, s'il demeure étranger ou indifférent à la forme et à la constitution du gouvernement qui se propose de régler les âmes et s'il n'a dans des supérieurs légalement connus des garants de la fidélité des inférieurs. »

Ces prémisses une fois posées, les conséquences sont faciles à pressentir. Il faut enchaîner toutes les indépendances, accaparer toutes les forces vives au profit de l'Empire, il faut faire de la religion un rouage de la machine politique, un instrument de servitude; il faut que les prêtres soient les hommes de Napoléon.

Et alors, c'est lui-même qui nomme les archevêques et les évêques, et aussi les simples curés, le choix des évêques ne pouvant tomber que sur des personnes qu'il agrée. Il se réserve le droit de déterminer leur nombre, selon qu'il compte sur leur servilité ou leur hostilité. Il règle leur discipline et leur doctrine, leur impose des articles de foi. Fêtes religieuses, prières, prédications, liturgie, catéchisme, circonscriptions de territoire, magistrature des évêques, costumes des ecclésiastiques, etc., hommes et choses, il règle tout. Il faut que sa volonté domine dans l'Église comme dans la cité, qu'elle pénètre, qu'elle se fasse sentir partout; que l'homme tout entier soit sujet de l'empire. Dans l'établissement et l'observation des rites ecclésiastiques, l'Église n'est maîtresse d'aucun détail; tout est subordonné au pouvoir impérial.

Le culte protestant est soumis à un joug non moins pesant. Pour être valable, l'élection des pasteurs doit être confirmée par le gouvernement qui se réserve le droit d'en déterminer le nombre, comme celui des prêtres. Consistoires, synodes et inspections ne peuvent s'assembler sans son autorisation ; rien ne peut être décidé, enseigné, changé dans la discipline que par son ordre.

L'Église catholique ou protestante n'est donc qu'une branche de l'administration publique dont l'Empereur est manifestement le chef. « Je suis le chef des ministres protestants, puisque je les nomme ; je puis me regarder comme chef des catholiques puisque j'ai été sacré par le pape. » Ainsi s'exprime Napoléon devant le Conseil d'État.

Le spirituel et le temporel sont confondus ; la Société religieuse est régie par les lois et par les hommes de la Société politique. L'existence des limites entre les autorités civile et religieuse est déclarée chimérique.

« J'ai beau regarder, s'écrie l'Empereur, je ne vois que des nuages, des obscurités, des difficultés. Le Gouvernement civil condamne à mort un criminel : le prêtre lui donne l'absolution et lui promet le Paradis[1]. »

« Voyez, dit-il encore, l'insolence des prêtres qui, dans le partage de l'autorité avec ce qu'ils appellent le pouvoir temporel, se réservent l'action sur l'intelligence, sur la partie noble de l'homme, et prétendent me réduire à n'avoir d'action que sur le corps. Ils gardent l'âme et me jettent le cadavre. »

Le prêtre conserve sans doute toute son action sur l'âme du chrétien, le pasteur dirige toujours les consciences protestantes ; mais l'Empereur reste le maître au prêche comme à l'Eglise. Prêtres et pasteurs choisis soigneusement et au préalable, instruits de ses volontés, n'agissent que par ses ordres et n'enseignent que ce qu'il les autorise à enseigner. Tous les pouvoirs sont concentrés dans ses mains. Ame et corps tout est pour lui un bien qu'il entend administrer à sa guise, selon les circonstances et les besoins.

1. Conseil d'État. Séance du 11 avril 1804. Pelet de la Lozère.

Il considère qu'il n'y a pas de Gouvernement possible dans un pays où il existe plusieurs forces indépendantes et rivales. Il ne doit donc y avoir qu'une autorité, qu'une volonté, qu'une pensée, la sienne.

Il s'attribue l'honneur d'avoir fondé dans son Empire la liberté religieuse; mais, en somme, s'il s'est efforcé de relever les autels, c'était surtout pour y placer un Dieu français et napoléonien.

Les Juifs ne doivent pas faire exception à la règle générale.

L'Envoyé du Très-Haut, l'Homme du Droit, le Cyrus, le Constantin, le Charlemagne des temps modernes, comme l'appellent ses flatteurs, veut aussi, nouveau Salomon, devenir le véritable chef civil et religieux de la secte hébraïque. Il organise la religion de ce peuple pour la régénérer; mais c'est aussi pour mieux faire serrer par les rabbins le frein de l'obéissance dans ses Etats.

§ II

Décret du 30 mai. Regénération du peuple Juif par la religion.

Dans son discours sur l'organisation des cultes, lu à la séance du Corps législatif du 15 Germinal an X (5 avril 1802), Portalis qui, dans toutes les questions de jurisprudence civile ou criminelle fut, l'organe habituel des volontés du Gouvernement, s'exprime ainsi : « En s'occupant de l'organisation des divers cultes, le Gouvernement n'a point perdu de vue la religion juive ; elle doit participer comme les autres à la liberté décrétée par nos lois. Mais les Juifs forment bien moins une religion qu'un peuple. Ils existent chez toutes les nations sans se confondre avec elles. Le Gouvernement a cru devoir respecter l'éternité de ce peuple qui est parvenu jusqu'à nous à travers les révolutions et les débris des siècles, et qui, pour tout ce qui concerne son sacerdoce et son culte, regarde comme un de ses plus grands privilèges de n'avoir d'autres règlements que ceux sous lesquels il a toujours vécu, et de n'avoir que Dieu même pour législateur. »

Napoléon veut être, après Dieu, un autre législateur des Juifs. Le premier arrêté concernant la religion israélite, et portant la signature de Bonaparte, date du 1er prairial an X : il est relatif à la bénédiction nuptiale par les rabbins auxquels il applique la disposition de l'article 14 de la loi du 18 germinal an X. Il porte dans son article unique que les rabbins ne peuvent donner la bénédiction nuptiale qu'à ceux qui justifieront en bonne et due forme, avoir contracté mariage devant l'officier de l'état-civil.

Un décret impérial du 10 février 1806, exempte de l'application des articles 22 et 24 du décret du 23 prairial an XII sur les sépultures, la sépulture des Juifs. L'inhumation des Israélites doit avoir lieu comme celle des autres individus, mais les dispositions sur les pompes des funérailles sont déclarées non applicables à ces individus.

Le décret du 30 mai 1806 est le troisième en date des mesures législatives de cette époque, relatives aux Juifs.

Dans ce décret, on peut considérer deux parties bien distinctes : l'une où l'Empereur édicte des mesures de répression contre les Israélites, l'autre où il dévoile ses desseins pour l'avenir.

Dans la première partie, il est énoncé : qu'il sera sursis pendant un an à toutes exécutions de jugements ou contrats autrement que par simples actes conservatoires, contre des cultivateurs non négociants des départements de la Sarre, de la Roër, du Mont-Tonnerre, du Haut et Bas-Rhin, de Rhin et Moselle, de la Moselle et des Vosges, lorsque les titres contre ces cultivateurs auront été consentis par eux en faveur des Juifs[1]. »

Le préambule du décret motive ainsi cette mesure de rigueur prise contre les Juifs de certains départements :

« Sur le compte qui nous a été rendu dans plusieurs départements septentrionaux de

1. *Bulletin des Lois*, 1806, no 94, pièce 1631.

notre empire, certains Juifs n'exerçant pas d'autres professions que l'usure ont par l'accumulation d'intérêts immodérés mis beaucoup de cultivateurs de ces pays dans un grand état de détresse. Nous avons pensé que nous devions venir au secours de ceux de nos sujets qu'une avidité injuste avait réduits à ces fâcheuses extrémités. »

Cette première partie du décret fait donc renaître pour les Israélites les inégalités civiles et politiques ; c'est une première loi d'exception. On arrête, dans leurs mains, les exécutions des jugements qu'ils ont obtenus contre les cultivateurs de certains départements, ainsi que des contrats souscrits à leur profit, tandis qu'eux-mêmes restent exposés à toutes les rigueurs des poursuites que leurs créanciers jugent à propos de diriger contre eux.

D'un autre côté, l'Empereur reconnaît qu'il n'y a que « certains Juifs » qui méritent le reproche d'usure, et il les frappe tous indistinctement, en masse. Il frappe d'une incapacité temporaire non certain fait qualifié crime ou délit, mais l'adhésion pure au mosaïsme dans les départements que nous avons cités.

On peut dire qu'à la rigueur, les Juifs restaient dans le cercle de la légalité, puisque la loi ne fixait pas de bornes à l'intérêt conventionnel, et que d'ailleurs la prescription quinquennale n'a d'autre but que de prévenir l'accumulation des intérêts dont on se plaignait.

Les Juifs, dans leurs manœuvres usuraires, ne faisaient donc que friser l'illégalité et ils avaient pour eux le droit qui est reconnu par les tribunaux. Mais ils n'avaient pas, de leur côté, cette justice immanente qui doit présider à tous les actes humains.

L'application de cette mesure exceptionnelle ne donna pas tous les résultats qu'on attendait.

Il est assez difficile de s'expliquer pourquoi le décret ne s'étend pas à toutes les régions où il y a des Juifs.

Le département de la Meurthe, par exemple, primitivement compris dans le projet, est excepté, et pourtant les cultivateurs de ce département sont ruinés par la cupidité des Israélites. Ce qui le prouve bien, c'est que, deux mois à peine après la promulgation du décret, le Conseil général de la Meurthe proteste contre cette exception faite en faveur des Juifs de ce département qui se livrent de la façon la plus scandaleuse à l'usure, et, dans une pétition adressée à M. de Champagny, ministre de l'Intérieur, demande énergiquement qu'on leur applique le décret du 30 mai[1].

En faisant ainsi une exception pour les Juifs de la Meurthe, l'Empereur céda, prétend-on, aux pressantes sollicitations d'un Juif influent de cette région, Isaac Berr, qui s'engagea d'ailleurs à faire abandonner à ses compatriotes tout trafic usurier. Le Ministre de l'Intérieur transmit à l'Empereur les remerciements des Juifs de la Meurthe, par la lettre suivante :

1. Arch. nat. S. Secr. AF. IV. 300 dr 2151. Rapport du Ministre de l'Intérieur à Napoléon. 17 juillet 1806.

2 juillet 1806.

Les Juifs du département de la Meurthe, en apprenant que votre Majesté avait daigné ne pas les comprendre dans le sursis qu'elle a ordonné pour les poursuites de leurs coreligionnaires du Haut et du Bas-Rhin, contre les cultivateurs, ont voulu se montrer dignes de cette exception, et ont pris unanimement la résolution de s'imposer volontairement la même loi à eux-mêmes. Ils se sont promis, en outre, d'exercer à l'avenir sur tous les individus de leur culte, la surveillance la plus active et de regarder comme les ennemis de la nation et de la religion ceux d'entre eux qui se livreraient au trafic de l'usure ou à toute autre action répréhensible.

J'ai cru de mon devoir de faire connaître cette résolution à votre Majesté, et j'ai l'honneur de mettre sous ses yeux la lettre originale par laquelle elle a été annoncée à M. Berr-Isaac Berr, Juif considéré à Naucy.

Je suis, etc., CHAMPAGNY.

En cette circonstance, l'Empereur se montra faible ou trop confiant, puisque les Juifs de la Meurthe ne tinrent aucun compte de leurs promesses.

D'un autre côté, la date fixée au 1er juin 1807

pour le paiement des créances juives était mal choisie. Au premier juin, les cultivateurs ne peuvent pas encore réaliser en argent leurs récoltes qui ne font que sortir de terre. Le seul moyen de s'acquitter envers leurs créanciers leur échappe ; l'expropriation des biens qu'ils possèdent s'impose, et les Juifs trouvent là une matière féconde à de nouvelles et fructueuses spéculations.

Et d'ailleurs, si le décret défend, pendant un an, l'éxécution des contrats et des jugements, il n'interdit nullement aux Juifs et à leurs débiteurs de passer de nouveaux marchés pendant ce délai. Les Juifs, toujours riches en expédients quand il s'agit d'accroître leur fortune, trouvent des combinaisons que le législateur ne pouvait prévoir, ou était impuissant à réprimer. C'est ainsi qu'ils usent du procédé suivant : ils excitent le cultivateur, sans cesse à court d'argent, à vendre son fonds et ils lui laissent, pour rentrer en possession du bien vendu, l'illusoire faculté de rembourser le prix de cette vente à une date fixée le jour du contrat. L'époque du remboursement arrive, et le cultivateur, naturellement, n'est pas en mesure de l'effectuer. Il en résulte que le Juif devient propriétaire d'un bien acheté à un prix généralement dérisoire, ce qui leur permet de réaliser de gros bénéfices.

« Ce genre de prêt, écrit M. de Champagny, est plus nuisible à l'agriculture que l'usure même, puisqu'il tend à ôter des mains du cultivateur un sol productif, pour en faire un objet de trafic[1]. »

La situation des cultivateurs reste donc la même, ou plutôt elle s'aggrave encore, s'il est possible. Le terme du 1er juin approche, les débiteurs se lamentent, déplorent leur état de misère, demandent un nouveau sursis ; la prudence commande d'éviter des secousses fâcheuses ; il importe de ne pas consommer la ruine des cultivateurs. Aussi, l'archi-chancelier de l'Empire, Cambacérès, en l'absence de Napoléon, alors en Prusse, après avoir entendu les avis des ministres de la Justice et

1. Arch. nationales. S. Sec. AF. IV. 300. dr 2151. Rapport de M. de Champagny à Napoléon. 17 juillet 1806.

de l'Intérieur, arrête-t-il de sa propre autorité, le 27 mai 1807, que « les Cours et Tribunaux des départements signalés dans le décret du 30 mai 1806, peuvent être autorisés par le Grand Juge à surseoir à toutes poursuites, jugements et exécutions relatifs aux créances des Juifs contre les cultivateurs non négociants jusqu'à ce que, par sa Majesté, il en ait été autrement ordonné[1]. »

Cette première mesure prise par Napoléon contre les Juifs n'a donc pas atteint son but : les juifs restent oppresseurs et les cultivateurs misérables.

Mais s'il n'a pas réussi dans sa tentative, l'Empereur a pu, tout au moins, nous éclairer sur ses intentions.

Considérant que le mal fait par la secte israélite provient plutôt de sa constitution théocratique que des individus, il nous annonce clairement, dans le préambule du décret, son dessein d'organiser la religion juive.

1. Arch. Nation. S. Secr. AF. IV. 255, dr 1750, n° 235. Décision relative à la prolongation de sursis du décret du 30 mai 1806. 30 mai 1807.

« Ces circonstances, dit-il, nous ont, en même temps, fait connaître combien il était urgent de ramener parmi ceux qui professent la religion juive dans les pays soumis à notre obéissance, les sentiments de morale civile qui, malheureusement, ont été amortis chez un trop grand nombre d'entre eux par l'état d'abaissement dans lequel ils ont trop longtemps langui, état qu'il n'entre point dans nos intentions de maintenir, ni de renouveler.

« Pour l'accomplissement de ce dessein, nous avons résolu de réunir en une Assemblée les premiers d'entre les Juifs, et de leur faire communiquer nos intentions par des commissaires que nous nommerons à cet effet et qui recueilleront, en même temps, leur vœu sur les moyens qu'ils estiment le plus expédients pour rappeler parmi leurs frères l'exercice des arts et des professions utiles, afin de remplacer, par une industrie honnête, les ressources honteuses auxquelles beaucoup d'entre eux se livrent de père en fils, depuis des siècles. »

Être le réformateur du peuple Juif en lui inculquant les idées d'une morale plus élevée, tel est donc le but noble et ostensible que poursuit en ce moment Napoléon.

Mais est-il bien prudent à lui de prendre seul, et de sa propre autorité, des mesures exceptionnelles et particulièrement rigoureuses contre un peuple, pour transformer complètement ses mœurs et ses coutumes, le ramener à une morale plus saine et plus élevée ? N'a-t-il pas lieu de redouter les véhémentes protestations que ne manqueraient point de soulever parmi les populations intéressées, des mesures à ce point arbitraires ? Et pourtant, la nécessité de ces mesures se fait chaque jour plus vive ; il faut en arriver à cette extrémité, régénérer la nation Juive.

Il juge alors plus habile, et cette décision de l'empereur nous témoigne chez lui d'une connaissance profonde de la politique, de faire chercher par les Juifs eux-mêmes les remèdes à apporter à leur mal moral. Pour ne pas les froisser dans leurs croyances intimes, il va les prier de trouver eux-mêmes le moyen de concilier ces croyances avec les devoirs que leur impose le titre de citoyen français. Il va donc réunir à Paris, en assemblée, les Juifs les plus autorisés par leur science et leur situation, les rabbins qui ont le plus d'influence sur leurs coreligionnaires, et il va leur poser un certain nombre de questions sur les droits et sur les obligations des Juifs vis-à-vis des autres habitants de l'Empire, selon la loi des Hébreux. Mais, pour que cette assemblée « donne par ses délibérations, pour ainsi dire des armes contre elle-même, et contre la race dont elle est appelée à défendre la cause[1] », pour que l'empereur puisse tirer des réponses faites à ses questions une série de conclusions propres à expliquer et à défendre les mesures qu'il a résolu de prendre contre les Juifs, il est nécessaire de procéder, avec prudence et discernement, au choix des membres de cette assemblée ; car il lui faut une majorité dévouée sinon servile. Et alors, il confie cette besogne aux préfets de l'Empire.

Le décret du 30 mai 1806, porte :

Art. 2. — Il sera formé au 15 juillet prochain, dans notre bonne ville de Paris, une assemblée

1. Arch. Nation. S. secrét. A. F., IV. 300, dr 2150. Lettre de M. de Champagny à Napoléon, 10 avril 1807.

d'individus professant la religion juive et habitant le territoire français.

Art. 3. — Les membres de cette assemblée seront, au nombre porté au tableau ci-joint, pris dans les départements y dénommés et désignés par les rabbins, les propriétaires et les autres Juifs, les plus distingués par leur probité et leurs lumières.

Art. 4. — Dans les autres départements de notre Empire non portés au dit tableau, et où il existerait des individus professant la religion juive au nombre de 100, et moins de 500, le préfet pourra désigner deux députés et ainsi de suite.

Art. 5. — Les députés désignés seront rendus à Paris avant le 10 juillet et feront connaître leur arrivée et leur demeure au secrétariat de notre Ministre de l'Intérieur qui leur fera savoir le lieu le jour et l'heure où l'Assemblée s'ouvrira.

Tableau par département du nombre des Juifs à envoyer à l'Assemblée des individus professant la religion Juive, dont la tenue a été ordonnée par sa Majesté.

DÉPARTEMENTS	NOMBRE de Députés
Bouches-du-Rhône	1
Côte-d'Or	1
Doubs.	1
Gard	1
Goronde.	2
Hérault	1
Landes	3
Meurthe.	7
Meuse-Inférieure	1
Mont-Tonnerre.	8
Moselle	5
Nord	1
Basses-Pyrénées	2
Reuss.	2
Bas-Rhin	14
Haut-Rhin.	12
Rhin et Moselle	4
Roër	1
Sarre	2
Seine	10
Vaucluse	2
Vosges	3
TOTAL	84

L'Assemblée devait donc primitivement se composer de quatre-vingt-quatre membres. Mais sur leur réclamation, les Juifs d'Italie furent admis à participer aux délibérations ; ce qui porta le nombre des députés à cent onze.

DÉPARTEMENTS	NOMBRE de Députés
Adige	2
Adriatique	3
Alpes-Maritimes	1
Crostolo	1
Doire	1
Marengo	4
Mincio	2
Montenotte	1
Olona	2
Panaro	2
Pô	3
Bas-Pô	2
Sesia	1
Stura	2
TOTAL	111

Conformément au décret, les députés furent désignés par les préfets, et choisis parmi les plus notables de leur localité. L'Assemblée fut ainsi constituée :

ADIGE.

Girolamo Bazilea.

Israël Caen.

ADRIATIQUE.

Aaron Latis, propriétaire à Venise.

Abraham Tedesco, négociant à Venise.

Jacob-Samuel Cracovia, rabbin à Venise.

ALPES-MARITIMES.

Isaac-Samuel Avigdor, à Nice.

BOUCHES-DU-RHÔNE.

Sabaton Constantini, négociant à Marseille.

CÔTE-D'OR.

Blum David, négociant à Dijon.

CROSTOLO.

Jacques Carmi, rabbin à Reggio.

DOIRE.

Joseph Vita, Monmillien.

DOUBS.

Lippmann Nathan, propriétaire, négociant en horlogerie, résidant à Besançon.

GARD.

Cadet Carcassonne, résidant à Nîmes.

GIRONDE.

Abraham Furtado, propriétaire à Bordeaux.

Isaac Rodrigues, négociant.

HÉRAULT.

Moïse Naquet Vidal, marchand de soieries.

LANDES.

Andrade (Abraham), rabbin, résidant à Saint-Esprit.

Castro fils.

Patto jeune.

MARENGO.

Debeneditti.

Donato Afeu Lelio Salomon Vitate.

Emilio Vilta.

Joseph-Benoit Pavia.

MEURTHE.

Berr-Isaac-Berr, fabricant de tabac à Nancy.

Elias Salomon, propriétaire à Sarrebourg.

Gumpel Lévy, négociant, résidant à Nancy.

Jacob Brisac, propriétaire à Lunéville.

Lazare Lévy, propriétaire et maire de Donnelay.

Léon Cahen, propriétaire à Toul.

Moïse Lévy, négociant, résidant à Nancy.

MEUSE-INFÉRIEURE.

David Joseph.

Mincio.

Abraham Cologna, rabbin.

Benoit Fano, négociant à Mautoue.

Montenotte.

Israël Emmanuel Ottolenghi.

Mont-Tonnerre.

Aaron Friedberg, fabricant de futaines à Bingen.

Benjamin Jacob, résidant à Mayence.

Herz Loeb Lorich, propriétaire, résidant à Mayence.

Herz Oppenheim, à Deux-Ponts.

Jacob Herz, commerçant et agriculteur à Rotskirchen.

Jacob Lazard, commerçant à Otterberg.

Joseph Bloch, propriétaire à Hombourg.

Moïse Kauffmann, propriétaire à Neil-Leingen.

Moselle.

Aaron Marx Lévy, marchand à Metz.

Cerf Jacob Goudchaux, correspondant de la Banque de France, résidant à Metz.

Jacob Goudchaux Berr, propriétaire à Metz.

Joseph Hertz, propriétaire à Sarreguemines.

Schwab le Jeune, marchand à Metz.

Nord.

Salomon, négociant à Lille.

OLONA.

David Samson Pavia.

Moïse Formiggini.

PANARO.

Benjamin Uzigli.

Bonaventura Modena, rabbin.

PÔ.

David Levy, adjoint au maire de Quiers.

Jacques Todros, résidant à Turin.

Samuel Jacob Ghidiglia, à Turin.

BAS-PÔ.

Bondi Zamorani, rabbin à Ferrare.

Grazziado Neppi, rabbin et médecin à Ferrare.

BASSES-PYRÉNÉES.

Furtado jeune, armateur.

Marc Foi aîné, négociant.

REUSS.

Felice Lévy.

Lazaro Cohen.

BAS-RHIN.

Abraham Cohen, de Saverne.

Abraham Picard l'aîné, à Strasbourg.

Auguste Ratisbonne, marchand de draps à Strasbourg.

Baruch Cerf Berr, propriétaire.

Cerff Salomon, marchand à Strasbourg.

Daniel Lévy, négociant à Strasbourg.

David Zinsheimer, rabbin à Strasbourg.

Hirsch Bloch, cultivateur à Dübolsheim.

Israel Rhens, à Strasbourg.

Jacques Meyer, rabbin à Niederhuheim.

Joseph Dreyfoss, résidant à Hagueneau.

Lazare Wolff, de Neuviller, marchand.

Rueff Picard, à Strasbourg.

Samuel Witersheim, négociant à Hagueneau.

HAUT-RHIN.

Abraham Jacob, de Colmar.

Baruch Lang, propriétaire à Sierentz.

Calman, rabbin à Bieshem.

David, rabbin, demeurant à Hegenheim.

Heymann Picquart, propriétaire et tanneur à Belfort.

Hirtz Salomon, marchand de chevaux à Colmar.

Jacob Brunschwieg, rabbin.

Lipmann Cerf Berr, propriétaire résidant à Paris.

Mayer Samuel, de Strasbourg.

Meyer Manheimer, à Huffolz.

Salomon, rabbin à Colmar.

Wolff Baruch, fabricant à Turkheim.

RHIN-ET-MOSELLE.

Emmanuel Deutz, rabbin à Coblentz.

Lyon Marx, propriétaire à Bonn.

Mayer Marx, conseiller municipal à Bonn.

Wolff Bermann, marchand à Mayen.

ROER.

Salomon Openheim, banquier à Cologne.

SARRE.

Meyer Nathan Berncastel, négociant à Trèves.

Jérémie Hirsch, de Sarrebrück, propriétaire.

SEINE.

Beer Michel, résidant à Paris.

Cerf Berr Théodore, propriétaire à Paris, a été également nommé à Paris.

Crémieux Saül.

Jacob Lazare, résidant à Paris.

Olry Hayems Worms.

Rodrigue, banquier.

Rodrigues fils, professeur de tenue de livres.

Schmoll Aaron, résidant à Paris.

Simon Mayer, ex-militaire, inspecteur du Gouvernement dans l'administrption militaire.

Witersheim (C.-L.), propriétaire.

SESIA.

Segre, rabbin, propriétaire, conseiller municipal de Verceil, résidant à Verceil.

STURA.

L'Albes Elie-Aaron, rabbin de Savigliano.

L'Attes, Salomon fils, propriétaire à Coni.

VAUCLUSE.

Joseph Montaux, marchand de soieries à Avignon.

Moïse Millaud.

VOSGES.

Isaac-Louis May.

Michel Lazare, propriétaire résidant à Charneau.

Moïse May, propriétaire résidant à Neufchâteau.

Par un décret en date du 22 juillet 1806, inséré au *Moniteur Universel* du 28 juillet, trois maîtres des requêtes au Conseil d'État, Molé, Portalis et Pasquier, furent nommés commissaires à l'effet de traiter toutes les affaires concernant les Juifs.

§ III

Le Moniteur et les Juifs

Napoléon n'aimait point la Presse. Il comprenait bien, sans doute, que le seul succès des armes ne suffit pas à rendre un règne mémorable, et que les lettres, elles aussi, doivent lui apporter leur contingent de gloire. Mais, esclave lui-même de son despotisme, pour assurer le triomphe de son système politique, il devait nécessairement être conduit à traiter d'idéologues et de songe-creux, les écrivains et les penseurs, à voir souvent en eux les adversaires de son mode de Gouvernement. Ne pouvant souffrir ni la discussion, ni la contradiction, il n'admit à aucun degré l'indépendance de la pensée ; et s'il fut quelquefois contraint de s'incliner devant le talent littéraire, il affecta toujours de le tenir en médiocre estime.

« Vous vivez trop avec des lettrés et des savants, écrivait-il à son frère Joseph, alors roi de Naples. Ce sont des coquettes avec lesquelles il faut entretenir un commerce de galanterie, mais dont il ne faut jamais songer à faire ni sa femme, ni son ministre[1]. »

Les journaux, dont la critique est l'essence, et en quelque sorte le moyen d'existence, furent particulièrement antipathiques à Napoléon. Ils le gênaient, et toute espèce de gêne lui donnait de l'humeur ; aussi en supprime-t-il la plupart, inaugurant, comme on l'a souvent dit, le règne du silence.

« On ne peut pas dire aujourd'hui qu'ils sont malveillants, dit-il à Fouché, en résumant son opinion sur les journaux ; mais ils sont par trop bêtes[2]. »

Le propre de la bêtise à cette époque, est de ne montrer aucun zèle pour le gouvernement ; les seuls journaux intelligents et raisonnables sont les journaux officieux.

L'Empereur n'a, en somme, à sa disposition que le *Moniteur*, devenu le *Journal officiel*.

1. E. Hatin. *Histoire de la Presse*, t. VII, 1861, p. 379.
2. Welschinger. *La Censure sous le premier Empire*, p. 94.

Suivant Fouché, il n'attache d'importance qu'à ce journal « croyant en avoir fait la force et l'âme de son gouvernement, ainsi que son intermédiaire avec l'opinion publique du dedans et du dehors[1]. »

Or, le *Moniteur Universel* du 25 juillet 1806 est presque tout entier consacré, sous la rubrique « Mélanges-Histoire » à un écrit intitulé : « Recherches sur l'État politique et religieux des Juifs depuis Moïse jusqu'à présent. » Cet article n'est pas signé. Qui donc peut faire insérer dans une feuille officielle un écrit sur un sujet aussi brûlant d'actualité, qui passionne tout le monde à commencer par l'Empereur ! L'histoire ne nous a pas dit son nom mystérieux ; mais, en tout cas. il est intéressant de connaître les idées que contient cet article, et qui doivent refléter avec une certaine vérité les idées de Napoléon lui-même.

L'auteur indique d'abord la division de son sujet. « L'objet de cet écrit étant de faire connaître la situation politique et morale des Juifs

1. Welschinger. *La Censure sous le premier Empire*, p. 94.

dans ce siècle, et cette situation devant être le résultat tant de la première loi qu'ils ont reçue que des diverses doctrines qu'ils ont écoutées et de tous les faits qui composent leur histoire, on s'est prescrit la méthode suivante : 1° On suit tous les progrès de leur dispersion, on examine comment elle s'est opérée, quels lieux ils ont habités, et quelle existence ils ont obtenue ; 2° on recherche sous quelle loi ils ont plus particulièrement vécu en France depuis le dix-septième siècle jusqu'à présent ; 3° on essaie de faire l'histoire de leur législation considérée sous de certains rapports, c'est-à-dire qu'après avoir cité les dispositions de la loi de Moïse qui ont pu concourir à les isoler des autres nations, et à former leurs sentiments à l'égard des étrangers, on fait connaître les différentes sectes qui les ont divisés, les maximes de leurs rabbins sur les mêmes sujets et le degré d'autorité qu'ils leur accordent. »

Nous ne suivrons pas l'auteur dans cette histoire de la dispersion d'Israël ; nous nous contenterons de donner des extraits relatifs à l'état actuel des Juifs, afin de montrer comment on les considérait sous le premier Empire.

Et d'abord, voici comment se divisent les Juifs en France : « Ils forment trois tribus ou nations différentes. Juifs allemands, Juifs avignonnais et Juifs portugais.

Les Portugais croient descendre de la maison de David ; on remarque en eux une certaine fierté que cette opinion leur donne ; ils ont des mœurs plus libérales, reçoivent une éducation plus soignée, s'enrichissent par le moyen du commerce et d'une utile industrie ; enfin, ils sont peu zélés observateurs de la loi des rabbins ; Bayonne et surtout Bordeaux sont les principales villes qu'ils habitent.

Les Avignonnais viennent ensuite ; c'est parmi eux que l'on trouvait cette quantité de brocanteurs et revendeurs dont la bonne foi était si suspecte.

Les Allemands sont les plus ignorants et les plus superstitieux : de tous les Juifs, ce sont eux que l'on a particulièrement accusés de faire l'usure. Ils habitent la Lorraine, l'Alsace, et tous les bords du Rhin. »

Le chapitre suivant, que nous citons en entier et qui concerne spécialement la loi hébraïque, nous explique la plupart des griefs qu'on pouvait avoir contre les Israélites.

« Le législateur des Hébreux qui réunissait dans sa personne tous les pouvoirs, leur a donné une loi qui réunit en elle tous les caractères : elle est à la fois religieuse, politique et civile. Au lieu que les autres peuples obéissent à des lois qu'ils savent tenir des hommes, celui-ci ne peut agir qu'il ne croie obéir ou désobéir à Dieu. Sa loi intervient dans toutes ses actions ; elle prononce sur toutes. Aucun des individus qui la suivent ne peut faire un geste qu'elle n'ordonne ou ne défende, qu'elle n'approuve ou qu'elle ne blâme.

Moïse, qui connaissait ce peuple inconstant et léger jusqu'à ce qu'il ait été malheureux, paraît avoir voulu lui imprimer un caractère si particulier, des habitudes si exclusives qu'il ne put se mêler à aucune autre nation et qu'il dut exterminer celles dont il lui destinait les dépouilles. D'abord, il l'isola, en lui annonçant qu'il était le peuple que Dieu avait choisi, et par là, lui inspira une confiance et un mépris des autres hommes, qui dans la suite ne contribuèrent pas peu au succès de son entreprise.

« Les Juifs, dit Tacite, sous la conduite de Moïse, dépossédèrent les habitants d'un pays cultivé, qu'ils trouvèrent, et y bâtirent leur temple et leur ville. Moïse, pour s'assurer de leur fidélité, leur donna une religion contraire à celle de tous les autres peuples...

Ils se gardent entre eux une foi inviolable et une charité toujours prête, mais ils n'ont pour tous les autres peuples que de la haine et de l'inimitié. » On lit au *Deutéronome* : « Vous dominerez sur plusieurs nations, et nulle ne vous dominera. »

Dans beaucoup d'endroits, Moïse et Josué défendent aux Israélites toute alliance avec les étrangers, et les menacent de la colère du ciel s'ils manquent à ce commandement. Ailleurs, ils leur ordonnent de ne laisser la vie à aucun des habitants des lieux qu'ils vont conquérir. Après la captivité de Babylone, Esdras trouvant à Jérusalem beaucoup de Juifs qui avaient épousé des étrangères, les oblige à les renvoyer.

Cependant, on lit dans l'*Exode IV* : « Vous n'attristerez pas et vous n'affligerez point l'étranger, parce que vous avez été étranger vous-même dans le pays d'Egypte. » Mais ce précepte paraît surtout avoir pour objet de leur recommander l'hospitalité à l'égard des étrangers qui les visiteraient, et la charité qu'il leur prescrit envers quelques individus, n'est point inconciliable avec l'éloignement que leur loi cherche à leur inspirer pour ces mêmes individus réunis en corps de nation.

Mais la loi de Moïse permet-elle l'usure, ou la défend-elle seulement aux Juifs entre eux ?

Il n'est pas du tout constant que les Juifs ne puissent, d'après leur loi, pratiquer entre eux l'usure. Nous en allèguerons pour preuve, non pas notre opinion personnelle, ni aucune interprétation qui vienne de nous, mais le témoignage des savants rabbins dont ils adoptent aveuglément toutes les décisions. Nous lisons dans le *Deutéronome* : « *Non fœnerabis fratri tuo ad usuram pecuniam*. Tu ne prêteras pas d'argent à usure à ton frère. » Or, les rabbins prétendent qu'au lieu de : *Non fœnerabis fratri tuo,* il faut lire : *Non fœneraberis a fratre tuo,* c'est-à-dire non pas : tu ne prêteras pas à usure à ton frère, mais « tu ne te laisseras pas prêter à usure par ton frère », d'où il suit que la loi condamne plutôt celui qui se laisse faire le mal que celui qui le commet.

La glose ordinaire des rabbins porte : « Il est défendu à celui qui emprunte de payer aucun intérêt au prêteur. » Sixte de Médicis dit en propres termes : « Dernièrement, quelques rabbins très habiles requis par le savant Philippe Archinto, vicaire de Rome, déclarèrent avec serment qu'on devait traduire : « *Non fœneraberis a fratre tuo*, tu ne te laisseras pas prêter à usure par ton frère. »

A la vérité, les auteurs qui rétablirent ainsi le passage dont il est question, soutiennent que la défense d'emprunter à intérêt équivaut à celle de prêter et ils pensent que les hommes de leur religion ne sauraient tirer aucune usure des sommes qu'ils se prêtent.

Quant à l'usure envers l'étranger, Moïse ne l'a pas seulement tolérée, mais encore prescrite : « *Alieno fœnerabis.* Tu prêteras à usure à l'étranger. » Moïse ne condamne pas les richesses; au contraire, il les propose comme récompense à ceux qui observeront la loi. Comment donc les particuliers auraient-ils pu augmenter leurs fortunes dans un pays sans commerce, et où, au moyen du jubilé, les propriétés demeuraient toujours dans les mêmes mains, si l'on n'avait pu y prêter à intérêt soit de l'argent, soit des marchandises?

Josèphe dit: « Il est défendu de prêter à usure à aucun Juif. » Philon s'exprime de la même manière. Tous deux n'ajoutent rien et semblent croire, par leur silence, qu'il n'en était pas de même à l'égard des Gentils. Mais voici que l'on trouve dans le célèbre Maimonide, la plus grave des autorités parmi les Juifs: « Il est permis tant de prêter que d'emprunter à intérêts aux Gentils et aux prosélytes; car il est écrit: Tu ne prêteras pas à usure à ton frère. Il est défendu de prêter à usure à son frère, quoique cela soit permis à l'égard du reste du genre humain. C'est même un précepte positif de pratiquer l'usure sur l'étranger ou gentil; car il est écrit aussi: « Tu prêteras à usure à l'étranger ou Gentil. » Il faut donc observer que le précepte à cet égard est affirmatif. Tel est le texte de la sainte loi.

On lit aussi dans Sapher Sophri : « Tu prêteras à usure au Gentil » est un précepte positif, de même que « tu ne prêteras pas à usure à ton frère » est un précepte négatif.

Dans la Pirushtora : « La loi n'en dit pas autant du vol, et il est reçu que prendre secrètement le bien d'un Gentil est un crime : mais l'usure dont le contrat résulte du consentement et de la libre volonté tant du prêteur que de l'emprunteur, n'est nullement défendue qu'entre frères. »

Il semble que Moïse ait eu dessein au moyen de l'usure d'élever une barrière de plus entre son peuple et les nations étrangères. On connaît cette multitude infinie de règlements et de pratiques avec laquelle il paraît avoir voulu en quelque sorte constituer les mœurs des Hébreux, et les séparer à jamais du reste du genre humain. Ainsi, il leur interdit l'usage de toute sortes d'aliments et il leur ordonna d'apprêter les autres d'une manière si particulière. Ainsi il leur prescrivit tant d'ablutions, de prières, un repos si absolu le jour du Sabbat. Ainsi, il leur imposa ces règlements bizarres qui leur rendaient impraticables les mariages avec les étrangers, qu'il leur avait défendus d'ailleurs.

Toutes ses lois avaient la religion pour objet ; l'amour et la crainte de Dieu, le respect pour ses commandements étaient les seuls sentiments qu'il eût cherché à leur inspirer ; ces sentiments décidaient de toutes leurs actions et remplissaient entièrement leurs âmes. Aussi, quand ils les abandonnaient, ils restaient sans guide et sans mobile, sans courage et sans vertu.

De là vient que nous ne les voyons pas dans leur histoire négliger leur loi sans qu'ils tombent aussitôt dans la corruption la plus grande et le plus profond abaissement.

Il est temps d'examiner quel a été l'état religieux des Juifs depuis Moïse, et s'ils n'ont rien ajouté à sa loi.

Lorsque le don de prophétie eut cessé parmi les Juifs, par une suite de leur inquiétude naturelle, plusieurs sectes se formèrent. Nous devons les diviser en deux classes, celles qui ne reconnaissent pour divine que la loi écrite de Moïse, et celles qui confondent dans leur vénération et leur croyance la loi orale ou traditionnelle.

Ces dernières se composent d'hommes qui pensent que Moïse n'a écrit que la moindre partie des préceptes qu'il a reçus de Dieu, et qu'il a confié seulement à la tradition un grand nombre de ces préceptes, de peur qu'en les écrivant, ils ne parvinssent à la connaissance des idolâtres. Nous donnerons le développement de cette opinion à mesure que nous ferons connaître les sectes qui la professaient.

Les partisans de la loi écrite ont formé deux sectes ; la première, celle ces Saducéens, parut lorsque Ptolémée Evergète régnait en Egypte et Séleucus Callinicus en Syrie. Ils rejetaient la loi orale, se renfermaient dans la lettre de la loi de Moïse, niaient qu'il y eût une autre vie, croyaient que tout l'homme périssait. On peut les regarder comme les matérialistes du judaïsme ; ils ont entièrement disparu.

La seconde est celle des Caraïtes ; on en trouve aujourd'hui en Pologne et en Lithuanie. Ils rejettent, comme les Saducéens, toute tradition orale, mais ils croient à l'immortalité de l'âme.

Les Pharisiens sont la première secte qu'aient formée les partisans des traditions orales. Ils prirent naissance sous Jonathan, l'un des Macchabées, 130 ans avant Jésus-Christ, et ce sont eux que l'on voit encore répandus par toute la terre. Ils soutiennent qu'outre les lois écrites de Moïse, Dieu avait enseigné verbalement à ce législateur un grand nombre de rites et de dogmes qu'il a fait passer à la postérité sans les écrire. Ils nomment les personnes par la bouche desquelles ces traditions se sont conservées et ils leur donnent le même degré d'autorité que ce qui est écrit. Les Pharisiens, au commencement, se donnaient pour les sages par excellence ; c'est à eux que Jésus-Christ a tant reproché leur orgueil, le mépris qu'ils avaient des autres hommes, et le faste des autorités qu'ils étalaient aux yeux du peuple.

Les Esséniens suivaient la loi écrite, et choisissaient entre les traditions. Leur morale était pure et élevée, Josèphe donne une peinture de leurs mœurs qui les fait aimer.

Philon est, ce semble, le seul auteur qui fasse connaître les Thérapeutes. Il les représente comme les moines du Judaïsme, et Josèphe les compare aux Pythagoriciens. Ils menaient une vie entièrement contemplative, et vivaient seuls dans des cellules où ils pratiquaient beaucoup d'austérités.

Les Juifs, aussitôt après leur dispersion, élevèrent des académies où se conservait la doctrine, et qui réunissaient leurs docteurs les plus savants. Ce sont les chefs des académies qui ont fixé, par leurs écrits, la loi traditionnelle, et qui ont acquis ainsi, parmi la nation, une autorité égale à celle de son législateur. Le plus célèbre sans doute, fut Judas le Saint, auteur de la Mishua. Judas, s'étant aperçu que la loi orale commençait à s'oublier et à se corrompre, voulut réunir et conserver à jamais, toutes les traditions qu'il prétendait posséder dans leur entière pureté. En conséquence, il composa son fameux livre qui parut vers l'an 180. C'est un code informe du droit civil et canonique des Juifs, tout rempli des superstitions les plus singulières. Il est divisé en six parties : la première est une espèce de traité d'agriculture ; la seconde règle l'observance des fêtes ; la troisième traite des femmes et décide de toutes les causes matrimoniales ; la quatrième regarde les procès et les pertes qu'entraîne le commerce, et la manière d'y procéder ; elle renferme aussi un traité de l'idolâtrie, et il paraît que c'est la plus importante ; la cinquième parle des ablutions, et la sixième des purifications.

Comme la Mishua laissait des doutes sur plusieurs points, et que d'ailleurs de nouvelles questions s'étaient élevées, Jochanan, aidé de Rab et de Samuel, deux disciples de Judas, firent un commentaire de la Mishua, qu'on appelle Talmud ou Gemare (c'est-à-dire doctrine) de Jérusalem. Mais ce commentaire ne paraissant pas lui-même exempt d'erreur, l'école de Sora, près de Babylone, en entreprit un autre qu'on appela Talmud ou Gémare de

Babylone. Ce Talmud qui parut vers l'an 500 est beaucoup plus estimé que celui de Jérusalem.

Les Juifs ne pensent pas que les Talmudistes aient été inspirés ; ils n'attribuent l'inspiration qu'aux prophètes. Cependant, ils préfèrent le Talmud à l'Écriture : ils comparent l'Écriture à l'eau, la tradition à un vin excellent ; ils disent que la loi est le sel, le Mishua le poivre, le Talmud, des aromates précieux. Ils soutiennent que celui qui pèche contre la loi de Moïse, peut être absous ; mais que le crime de celui qui contredit les docteurs est irrémissible. Ils décident toute espèce de questions par le Talmud, comme par une loi souveraine. Le rabbin Isaac assure qu'il ne faut pas s'imaginer que la loi écrite soit le fondement de la religion ; il ajoute que c'est la loi orale. C'est au moyen de cette loi que Dieu a fait alliance avec son peuple. Car il savait que son peuple serait transporté chez des nations qui transcriraient ses livres, et il n'a pas voulu que la véritable loi fût connue des étrangers. Les rabbins disent : « Apprends, mon fils, à avoir plus d'attention aux paroles des scribes qu'à celles de la loi. » On lit dans le Talmud de Jérusalem : « Apprends, mon fils, que les paroles des scribes sont plus aimables que celles des prophètes. » Les rabbins modernes ont commenté et commentent encore le Talmud et, ils n'ont cessé de donner de nouvelles décisions.

Le Talmud se compose de 24 volumes in-folio écrits sans ordre, sans méthode ; c'est un amas indigeste de contes superstitieux, d'anachronismes, d'erreurs historiques de tous genres, au travers desquels il n'est pas facile de saisir la morale des rabbins, et ce qu'ils prescrivent aux Juifs à l'égard des nations parmi lesquelles ils habitent. Nous citerons donc, pour le faire connaître sous ce dernier rapport, ce qu'en ont dit quelques savants érudits qui ont eu le courage de l'étudier et nous en donnerons encore une idée plus précise par l'ouvrage du rabbin Léon de Modène, que les Juifs, apologistes de leur secte, reconnaissent aujourd'hui comme le livre qui donne l'idée la plus exacte de la doctrine et des pratiques qu'ils avouent.

Voici comment s'exprime Saumaise à ce sujet, après avoir cité le fameux passage du *Deutéronome*: « Ces paroles du *Deutéronome* sont entendues par tous les maîtres sans exception, en ce sens que l'usure est défendue à tout Juif avec tous les Juifs, et leur est permise avec tous les étrangers riches ou pauvres. Ce n'est pas une considération de peu de poids que le consentement unanime de tous les rabbins à cet égard. »

Ailleurs, le même Saumaise, dit à propos de la loi de Moïse, et sur l'usure des Juifs en général : « Les Juifs n'étaient pas fort adonnés au commerce lorsqu'ils habitaient la Judée, mais il est avéré qu'ils ont toujours été grands usuriers, ainsi que les Syriens, leurs voisins. » Nous ne consignons ce témoignage de ce savant érudit, que parce que, se consacrant à relever les fautes des autres, il ne devait rien avancer légèrement.

Il ajoute : « C'est parce que les prophètes connaissaient bien le caractère usurier du peuple juif qu'ils reviennent si souvent à la charge à ce sujet, en menaçant des jugements de Dieu ceux seulement, il est vrai, qui, contre le vœu de la loi, pratiquaient l'usure envers leurs frères; plus ils avaient de penchant vers ce péché, plus les prophètes devaient faire d'efforts pour les en détourner, d'autant plus que la permission d'exercer l'usure contre les étrangers semblait les conduire à ne pas faire grâce même à leurs frères. »

Dans un autre ouvrage, il dit : « Je n'ai vu nullement quelle punition, la loi de Moïse infligeait à l'usure défendue ; d'où l'on peut conjecturer qu'elle n'était pas bien grave, ou plutôt qu'il n'y en avait aucune. En effet, les peines pour les autres délits sont soigneusement déterminées. »

Enfin, « les Juifs évitent encore aujourd'hui de prêter à intérêts aux Juifs, parce qu'ils savent que la loi de Moïse le défend ; mais comme cette loi le leur permet avec les nations, on les a vus dans tous les siècles, et dans tous les lieux, autrefois comme aujourd'hui, pratiquer l'usure. »

Je rapporterai encore les paroles du Juif Zulkind Hourwitz, auteur d'un ouvrage qui concourut avec celui de M. Grégoire en 1889, pour le prix proposé par la Société morale de Metz. Sur la question : « Est-il des moyens de rendre les Juifs plus heureux et plus utiles en France ? » Malheureusement, dit M. Zulkind Hourwitz, le Talmud défend seulement de voler le nacri (l'étranger), mais il permet de profiter de son erreur. Or, on sait bien que de profiter de l'erreur à y induire, le chemin n'est pas long.

Comme nous l'avions dit, les Juifs d'aujourd'hui, non seulement consentent à ce qu'on prenne dans Léon de Modène, l'idée de leurs religions et de leurs pratiques, mais encore ils paraissent le souhaiter.

Nous allons donc les faire connaître d'après cet ouvrage. Toutes les choses observées ou pratiquées aujourd'hui chez les Juifs se divisent en trois classes : 1° les préceptes de la loi écrite de Moïse qu'ils appellent Mizwoth hatorah, ou commandements de la loi ; 2° le Talmud ou loi orale ; 3° les coutumes qui varient suivant les lieux.

On connaît les préceptes de la loi de Moïse

et toutes les coutumes qu'elle impose ; mais les rabbins en ont inventé une foule de nouvelles. Si des Juifs bâtissent une maison, ils doivent la laisser imparfaite en mémoire de la ruine du Temple. Ils ne peuvent avoir ni statues ni portraits : leur vaisselle et leur batterie de cuisine doivent n'avoir pas servi. Les rabbins déterminent jusqu'à la position qu'on doit avoir en dormant. Ils croient aux songes et jeûnent pour les conjurer.

Plusieurs sortes d'étoffes leur sont interdites.

Ils font des ablutions sans nombre : ils s'interdisent de jeter à terre l'eau où ils se sont lavé les mains, attendu qu'ils ne pourraient passer dessus, tant elle est immonde. Ils doivent dire au moins cent prières par jour. Ils les renouvellent à chacune de leurs actions ou à chaque impression soudaine ou vive qu'ils reçoivent. Ils vont trois fois le jour à la synagogue : ils ne peuvent ni boire ni manger, ni rien faire, ni même saluer quelqu'un sans qu'ils y aient été une première fois. Ils ne peuvent semer deux espèces de grains à la fois. Ils ne peuvent greffer aucun arbre, ni même en conserver des greffes sur leurs terrains.

Ils ne laissent presque pas de pauvres parmi eux. Si un pauvre ne peut être secouru par ceux de la ville où il demeure, il s'adresse aux rabbins qui lui donnent un billet signé ainsi conçu : « Le porteur est homme de bien et de mérite ; on supplie chacun de l'assister. » Avec ce billet, partout où il y a des Juifs, le pauvre est secouru. Les rabbins recommandent aussi de faire la charité aux pauvres étrangers.

Actuellement les Juifs parlent la langue du pays qu'ils habitent ; il n'y a guère que les rabbins qui soient en état de faire un discours en hébreu. La principale occupation des Juifs est l'étude de leurs lois, et ce n'est que pour s'en procurer une intelligence plus complète qu'ils peuvent apprendre quelques-unes de nos sciences. Faite dans un autre but, l'étude de ces dernières leur paraîtrait fort dangereuse.

Les rabbins prononcent sur tous les différends, décident des choses défendues ou permises, jugent de toutes les matières de religion, se mêlent aussi du civil. Ils célèbrent les mariages, déclarent les divorces, châtient ceux qui désobéissent et même les excommunient. Les rabbins, dit encore Louis de Modène, défendent l'usure, mais les Juifs se la permettent d'après le passage de l'Écriture.

Les notaires publics ne sont d'aucune autorité pour eux, si ce n'est qu'en sa qualité d'écrivain, le notaire vaut un témoin qui, accompagné de deux autres, rend valides, par sa présence, toutes sortes d'écritures, soit qu'il s'agisse de négoce, de testament, de mariage ou de divorce, ou de toute autre affaire.

Tous les procès entre Juifs sont décidés par les rabbins ou des arbitres. Les criminels sont livrés aux gouvernements sous la domination desquels ils habitent.

L'usage d'une foule de poissons, d'oiseaux, de quadrupèdes qui servent à notre nourriture leur est interdite. Ils ne doivent manger que des mets apprêtés par les Juifs ; ils ne se serviraient pas du couteau d'un Chrétien. Ils observent plusieurs cérémonies pendant le repas.

Le jour du Sabbat, ils demeurent dans une inaction absolue. Ils ne mangeraient rien qui soit né ou qui ait été préparé ce jour-là. Ils ne travailleraient pas à éteindre un incendie ; ils ne peuvent allumer du feu, une lampe ; mais il leur est permis de le faire faire par un individu non Juif. Comme on leur défend également de porter, ce jour-là, aucun fardeau ; ils poussent le scrupule jusqu'à se vêtir le plus légèrement possible. Ils doivent s'interdire de parler affaires, d'aller à plus d'un mille de la ville où ils se trouvent ; les chirurgiens ne peuvent opérer. Les rabbins laissent aux médecins seuls un peu plus de liberté.

Le calendrier des Juifs achève de compléter leur isolement des autres peuples. On l'imprime tous les ans. Le cours d'une lune fait le mois des Juifs. Leur année commence au mois de septembre ; pour égaler les années solaires avec celles de la lune, ils font chaque cycle ou révolution de dix-neuf ans, et de ces dix-neuf ans, il y en a sept de treize mois chacun. Les années de treize mois reviennent tous les deux ou trois ans ; alors ils comptent deux fois le mois Adar, et ils le placent entre nos mois de février ou de mars, et ils disent Adar 1er, Adar 2e. Le 15 du mois de Nisan, qui répond en général à Avril, commence la fête de Pâques ; ils passent tout le temps que dure cette solennité à réciter des prières et à faire des cérémonies qui rappellent leur délivrance de l'Egypte. Ils ont encore beaucoup de fêtes pendant le cours de l'année, dont quelques-unes durent plusieurs jours. La fête du Tabernacle en dure neuf.

Tout Juif est obligé de se marier ; les rabbins ont fixé l'âge de dix-huit ans pour le mariage. Quiconque demeure dans le célibat par delà sa vingtième année est censé vivre dans le péché. Il est permis à tous les Juifs d'avoir plusieurs femmes ; mais les Levantins seuls en profitent. Un mari est contraint de répudier sa femme, s'il est public qu'il en ait de justes reproches de jalousie. Un mari peut toujours répudier sa femme quand il lui plaît, et s'il le fait, ils sont libres tous les deux de se remarier.

A treize ans et un jour, les hommes sont

majeurs ; les femmes à douze ans et un jour.

L'éducation, comme nous l'avons dit, se borne à l'étude de l'hébreu et des livres sacrés.

Les Juifs talmudistes ou rabbinistes ont horreur des Juifs caraïtes qui ne reconnaissent que la loi écrite ; ils ne leur permettent même pas de changer de croyance.

Si quelqu'un veut se faire Juif, trois rabbins l'examinent et tâchent de tirer de lui si ce n'est point quelque considération purement humaine qui le porte à prendre ce parti. Ils lui représentent que la loi de Moïse est fort sévère, que ses sectateurs sont sous l'oppression et dans le mépris des autres nations, et ils ne reçoivent son abjuration que s'il ne paraît pas ébranlé un seul instant.

Les Juifs se confessent à Dieu une fois l'an ; ils récitent leur confession générale devant ceux qui les assistent à l'heure de la mort ; enfin, ils ont des cérémonies funèbres toutes particulières.

Nous avons fini l'exposition de tous les faits

que nous avons pu recueillir dans le dessein de faire connaître l'état des Juifs. Les variations de leur sort et les développements de leur doctrine depuis leur dispersion. Mais nous ne terminerons pas ce travail sans résumer ces faits, et examiner quels en sont les principaux résultats.

Les Juifs sortirent des ruines de Jérusalem et des liens de la captivité pour se répandre par toute la terre. Ils portèrent en tous lieux les sentiments et les croyances que Moïse leur avait inspirés dans le dessein de les isoler et de leur inculquer la haine et le mépris des autres peuples. Haïs et méprisés à leur tour, ils ne tardèrent pas à être persécutés chez toutes les nations qui leur donnaient asile. Tous les jours ils voyaient davantage se répandre une religion qui reconnaissait pour Dieu celui qu'ils avaient crucifié ; et ils étaient traités comme des sacrilèges par tous ceux qu'ils devaient considérer comme des idolâtres. Les peuples ignorants et barbares les égorgeaient, tandis que les ministres du christianisme, plus éclairés sur la véritable morale de l'Evangile, les protégeaient et les regardaient comme une preuve vivante de leur religion même. Une foule de lois cruelles furent portées contre eux ; on leur interdit la possession de la terre, le commerce, l'industrie, et on les condamna, pour ainsi dire, à l'usure, à laquelle ils n'étaient que trop portés, puisqu'elle leur offrait à la fois le seul moyen de satisfaire leur avidité et leur vengeance. Les ravages de leur monopole excitèrent partout les plaintes les plus vives, et pendant plusieurs siècles, les princes ne firent que les chasser et les rappeler tour à tour; ils les chassaient lorsque le mal devenait trop grand, et ils les rappelaient quand ils avaient besoin d'argent, attendu que les Juifs leur payaient de très grosses sommes pour en être tolérés, et que, véritables marchands d'argent, il se trouvait toujours dans leurs mains une grande quantité de cette denrée. Déjà, ils suivaient le Talmud bien plus que la loi de Moïse, et leurs adversaires affirmaient que le Talmud autorisait l'usure. Ce point fut longtemps controversé entre eux et les chrétiens; peut-être même n'a-t-il pas encore été éclairci. Quant à nous, il nous paraît évident par les passages authentiques que nous avons cités, que les rabbins ont, non seulement autorisé, mais encore prescrit l'usure : nous croyons aussi pouvoir assurer que dans le dédale inextricable de leurs écrits, on trouverait des passages où ils la défendent. A la vérité, il nous a semblé que la plupart de ces passages étaient postérieurs aux reproches des chrétiens. D'ailleurs, comment expliquer autrement que les Juifs, qui se trouvent aujourd'hui faire presque tous l'usure soient, en même temps, les plus religieux et les plus exacts observateurs du Talmud ? Indépendamment de ce que renferme la loi des rabbins sur ce sujet, il est un fait important qui doit trouver ici sa place et qu'aucun Juif ne niera : c'est que les ouvriers de cette nation qui se reprochent intérieurement le mal qu'ils font aux chrétiens, croient, à l'aide de beaucoup de pratiques religieuses, pouvoir l'expier à mesure qu'ils le commettent. N'est-ce point encore une chose singulière, et dont on ne doit chercher la raison que dans le vice de la morale ou des lois d'un peuple que de voir la misère, l'ignorance et le malheur le porter à une seule espèce de désordres et de crimes !

Dans les autres religions, les hommes grossiers ou misérables se laissent aller au jeu, au vice, au vol, à la débauche, selon la nature de leurs positions, et la diversité de leurs humeurs. Ici, c'est toujours l'usure ; nous avouerons que ce simple fait nous paraîtrait suffisant pour lever tous les doutes, et lorsque les Juifs disent qu'ils ne sont usuriers que parce qu'ils sont malheureux, on pourrait leur répondre que le malheur et l'oppression avilissent les hommes mais qu'il ne leur imprime pas ce caractère constant et uniforme dans leur avilissement.

Nul doute qu'une observation impartiale ne donne cette opinion que les Juifs ne se rapprochent des autres peuples ou plutôt qu'ils ne cessent d'être en opposition avec eux qu'à mesure que leur obéissance à leur loi est moins aveugle et moins entière. Ne voyons-nous pas les Juifs portugais suivre fort peu le Talmud ? Les savants distingués qu'ont eus les Juifs d'Allemagne, leur fameux Mendelssohn, avaient-ils un grand respect pour la loi des rabbins ? Enfin, ceux que nous voyons parmi nous cultiver et honorer les sciences sont-ils des dévots ? »

Nous avons tenu à citer en partie cet article, non seulement parce qu'il nous expose brièvement les mœurs et les coutumes hébraïques, et nous montre la situation des Juifs dans l'État, mais aussi parce qu'il met en relief les vices de la loi israélite, loi à la fois religieuse, politique et civile. Dans cette étrange organisation sociale, le ciel et la terre, le sacré et le profane, n'étaient séparés par aucune barrière. L'État, pour les Israélites, était tout entier dans la religion.

Cette religion qui promettait au peuple juif, né pour l'esclavage, l'empire de l'univers, l'avait pour ainsi dire éloigné des autres peuples, et isolé au sein des nations. Tout le reste du monde n'était créé que pour être témoin ou victime de cette grandeur future, et si le ciel pouvait momentanément permettre aux rois de la terre d'opprimer Israël, ce temps devait être court en comparaison des siècles de règne du peuple élu. De là, le mépris religieux pour les étrangers : « Tu ne t'allieras pas par mariage avec eux, tu ne donneras pas tes filles à leurs fils, et tu ne prendras pas leurs filles pour tes fils. » (Deut. C. 7, v. 3).

Que devait penser Napoléon de cette religion qui poussait les fidèles à des pratiques malhonnêtes, et au mépris orgueilleux des autres hommes ? N'était-ce pas elle qui était la cause de tout le mal et qu'il fallait remanier à tout prix ? Pour que les Juifs pussent remplir honnêtement leurs devoirs de citoyens, n'était-il pas indispensable de supprimer de leur Talmud certaines prescriptions auxquelles ils étaient astreints d'obéir, et en corriger d'autres, pour préparer leur bien-être personnel en même temps qu'assurer la fortune de l'Empire.

C'est vers ce but que tendirent les efforts de l'Empereur. Si nous ne pouvons affirmer qu'il fut l'inspirateur de cet article du *Moniteur*, qu'il nous soit tout au moins permis de supposer qu'il s'en inspira lui-même quand il entreprit la régénération des Israélites par la réformation de leur culte.

§ IV

L'Assemblée des Députés Juifs et les questions posées par Napoléon.

Le 22 juillet 1806, l'Empereur écrit, de Saint-Cloud, à son Ministre de l'Intérieur :

Monsieur Champagny, ayant ordonné par notre décret du 30 mai dernier de réunir les plus considérables d'entre les Juifs dans notre ville de Paris, nous avons nommé, par notre décret de ce jour, MM. Molé, Portalis et Pasquier maîtres des requêtes en notre Conseil d'État, pour nos commissaires près la dite Assemblée. Nous désirons que les membres de cette Assemblée se réunissent le 26 du présent mois et ensuite à leur volonté, et qu'ils nomment un président, deux secrétaires et trois scrutateurs pris parmi eux. L'Assemblée étant organisée, nos commissaires soumettront à sa discussion les questions que nous joignons à cette lettre. Elle nommera une commission pour préparer le travail et diriger la discussion sur chacune de ces questions. Les Juifs de notre royaume d'Italie ayant demandé la faveur d'être admis dans cette Assemblée, nous la leur avons accordée, et nous voulons qu'ils y aient entrée à mesure qu'ils arriveront à Paris. Notre but est de concilier la croyance des Juifs avec les devoirs des Français, et de les rendre citoyens utiles, étant résolu à porter remède au mal auquel beaucoup d'entre eux se livrent au grand détriment de nos sujets.

NAPOLÉON.

Annexe à la pièce précédente.

Questions à faire à l'Assemblée des Juifs.

Saint-Cloud, 22 juillet 1806.

1° Est-il licite aux Juifs d'épouser plusieurs femmes?

2° Le divorce est-il permis par la religion juive? Le divorce est-il valable sans qu'il soit prononcé par les tribunaux et en vertu de lois contradictoires à celles du code français?

3° Une juive peut-elle se marier avec un Chrétien, et une Chrétienne avec un Juif, ou la loi veut-elle que les Juifs ne se marient qu'entre eux?

4° Aux yeux des Juifs, les Français sont-ils leurs frères ou sont-ils des étrangers?

5° Dans l'un et l'autre cas, quels sont les rapports que leur loi leur prescrit avec les Français qui ne sont pas de leur religion ?

6° Les Juifs nés en France et traités par la loi comme citoyens français, regardent-ils la France comme leur patrie ? Ont-ils l'obligation de la défendre ? Sont-ils obligés d'obéir aux lois et de suivre toutes les dispositions du Code civil ?

7° Qui nomme les rabbins ?

8° Quelle juridiction de police exercent les rabbins parmi les Juifs ? Quelle police judiciaire exercent-ils parmi eux ?

9° Ces formes d'élection, cette juridiction de police et judiciaire sont-elles voulues par leurs lois, ou seulement consacrées par l'usage ?

10° Est-il des professions que la loi des Juifs leur défende ?

11° La loi des Juifs leur défend-elle de faire l'usure à leurs frères ?

12° Leur défend-elle, ou leur permet-elle de faire l'usure aux étrangers ?

Les députés Juifs, rassemblés à Paris, à l'époque fixée se réunirent donc pour la première fois, le 26 juillet 1806. Ils siégèrent dans un bâtiment dépendant de l'Hôtel de Ville, l'ancienne chapelle Saint-Jean, affecté autrefois au culte catholique, que le ministre de l'Intérieur, secondé par le préfet de la Seine avait fait somptueusement aménager afin de donner à cette réunion tout l'éclat et l'apparat désirables.

L'Assemblée procéda d'abord à la formation de son bureau qui fut ainsi constitué :

Abraham Furtado, président.

Isaac Samuel-Avigdor, secrétaire.

Rodrigue fils, —

Cerf-Berr Théodore, scrutateur.

Olry Hayem-Worms, —

Emilio Vitta, —

Le Président commence par célébrer les louanges de l'Empereur. Il parle avec le plus profond respect et la plus vive admiration du héros libérateur qui gouverne la France, et engage l'Assemblée à se rendre digne de seconder ses magnanimes desseins, par une contenance imposante et tranquille. On applaudit vivement le discours du président et la salle retentit des acclamations réitérées de : « Vive l'Empereur ! Vive la famille impériale ! »

Trois membres de l'Assemblée prennent

ensuite la parole. Chacun d'eux propose dans un langage emphatique et pompeux, de porter aux pieds du trône, l'expression de la reconnaissance de l'Assemblée et l'hommage de son respect. L'Assemblée émet alors le vœu de se présenter en masse devant l'Empereur pour lui exprimer les sentiments d'amour, de respect et de dévouement, dont chacun de ses membres est pénétré pour sa personne sacrée, et pour lui jurer de concourir, par tous les moyens possibles, aux vues bienfaisantes et paternelles dont sa grande âme est animée.

Le 29 juillet, les commissaires de l'Empereur se rendent à la seconde séance de l'Assemblée pour porter aux députés Juifs la série des questions qui doivent faire le sujet de leurs délibérations, d'après les ordres de Napoléon.

Prévenue de leur arrivée, l'Assemblée envoie au-devant d'eux une députation à la tête de laquelle se trouve son bureau. Au moment où ils font leur entrée, la salle retentit trois fois des cris de « Vive l'Empereur ! » Molé prend alors la parole :

Sa Majesté, dit-il, l'empereur et roi, après nous avoir nommé ses commissaires pour traiter des affaires qui vous concernent, nous envoie aujourd'hui pour vous faire connaître ses intentions.

Appelés des extrémités de ce vaste empire, aucun de vous cependant n'ignore l'objet pour lequel sa Majesté a voulu vous réunir. Vous le savez, la conduite de plusieurs de ceux de votre religion a excité des plaintes qui sont parvenues au pied du trône. Ces plaintes étaient fondées, et pourtant l'Empereur s'est contenté de suspendre le progrès du mal, et il a voulu vous entendre sur les moyens de le guérir. Vous mériterez sans doute des ménagements si paternels, et vous sentirez quelle haute mission vous est confiée. Loin de considérer le Gouvernement sous lequel vous vivez comme une puissance de laquelle vous ayez à vous défendre, vous ne songerez qu'à l'éclairer, à coopérer avec lui au bien qu'il prépare, et ainsi, en montrant que vous avez su profiter de l'expérience de tous les Français, vous prouverez que vous ne vous isolez pas des autres hommes.

Les lois qui ont été imposées aux individus de votre religion ont varié par toute la terre. L'intérêt du moment les a souvent dictées ; mais, de même que cette assemblée n'a point d'exemple dans les fastes du Christianisme, de même pour la première fois, vous allez être jugés avec justice, et vous allez voir, par un prince chrétien, votre sort fixé. Sa Majesté veut que vous soyez Français ; c'est à vous d'accepter un pareil titre, et de songer que ce serait y renoncer que de ne pas vous en rendre dignes. On va vous lire les questions qui vous sont adressées ; votre devoir est de faire connaître sur chacune d'elles la vérité tout entière. Nous vous le disons aujourd'hui, et nous vous le répéterons sans cesse : lorsqu'un monarque aussi ferme que juste, qui sait également tout connaître, tout récompenser et tout punir, interroge ses sujets, ceux-ci en ne répondant pas avec franchise se rendraient aussi coupables qu'ils se montreraient aveugles sur leurs véritables intérêts.

Sa Majesté a voulu, Messieurs, que vous jouissiez de la plus grande liberté dans vos délibérations. A mesure que vos réponses seront rédigées, votre président nous les fera connaître. Quant à nous, notre vœu le plus ardent est de pouvoir apprendre à l'Empereur qu'il ne compte parmi ses sujets de la religion juive, que des sujets fidèles et décidés à se conformer en tout aux lois et à la morale que doivent suivre et pratiquer les Français.

« Sa Majesté veut que vous soyez Français », a dit Molé. Mais, pour être Français, il faut mériter ce titre. Prouvez que vous n'en êtes pas indignes ; jusqu'à preuve du contraire, vous êtes suspects et considérés comme des voleurs et des espions. Ainsi pense le porte-parole de Napoléon.

Ce discours entendu, un des secrétaires donne lecture des questions adressées par l'Empereur à l'Assemblée. Elles concernent, comme nous l'avons vu, la polygamie, le divorce, le mariage, les obligations envers les citoyens et la patrie, la nomination et les pouvoirs des rabbins, les lois religieuses sur l'usure.

Puis, le Président s'adressant aux Commissaires, exprime à nouveau les sentiments de reconnaissance dont tous les Juifs sont pénétrés pour les volontés paternelles de Sa Majesté. Les Commissaires sortent, reconduits par le Bureau qui les a introduits, au milieu d'acclamations frénétiques.

L'Empereur dicte ses volontés à l'Assemblée des députés juifs, par l'intermédiaire des Commissaires, et les Israélites, enthousiasmés autant que surpris d'une telle bienveillance, ne savent comment témoigner leur admiration et leur reconnaissance. L'allégresse devient du délire au sein de l'Assemblée juive. On célèbre sur tous les rythmes les louanges de l'Empereur magnanime. Moïse Millaud, député de Vaucluse, écrit en l'honneur du monarque une Ode en hébreu, que nous citons à titre de curiosité, et grâce à la traduction qu'en a donnée Sylvestre de Sacy.

ODE

A SA MAJESTÉ, EMPEREUR DES FRANÇAIS ET ROI D'ITALIE.

Napoléon, tous les rois ont été dissipés devant toi, leur sagesse s'est évanouie ; ils ont chancelé comme un homme ivre. Au jour d'Austerlitz, tu as brisé toute la force de deux empereurs ; la mort marchait devant toi, et tu traçais à sa fureur le sentier qu'elle devait suivre sans s'en écarter. Leur vie a été chère à tes yeux, et ta gloire a été d'user d'indulgence lorsque, au jour de leur défaite, il n'y avait plus qu'un pas entre eux et une honteuse captivité. Les générations passées que la mort a dévorées, que l'enfer a englouties, ont dit au bruit de tes exploits : parmi les guerriers, parmi les braves, jamais aucun ne lui a ressemblé ; tout ce qu'il y a de beau, tout ce qu'il y a d'estimable se trouve réuni auprès de Napoléon et s'empresse de former son cortège, tandis que les autres dominateurs de la terre possèdent à peine quelqu'un de ses avantages. Il s'est élevé au-dessus de tous. Dieu l'a choisi pour gouverner les peuples. A lui seul, il a fait autant de grandes choses que tous les héros des siècles passés. Depuis qu'il a reçu l'être et qu'il a été élevé au faîte de la grandeur, chaque jour a célébré sa gloire, il n'en est aucun qui n'ait publié ses louanges. C'est moi, dit le jour présent, qui l'ai rendu l'émule de Charlemagne ; le jour d'hier se glorifie de l'avoir égalé à César, à Auguste, et celui qui l'a précédé, de lui avoir inspiré des desseins aussi grands que ceux d'Annibal et d'Alexandre : demain, il imitera la générosité de Cyrus, et des autres grands hommes des siècles passés. Ses yeux se sont aussi ouverts ; de toutes les parties de la terre il a appelé dans sa ville royale, dans cette reine des cités, dont on publie tant de choses merveilleuses, les plus considérables d'entre eux pour qu'ils apportent avec eux, comme aux jours de Ptolémée, les oracles de la loi, et qu'ainsi soient accomplis les desseins qu'il a conçus en leur faveur. De quels transports d'allégresse mon cœur n'a t-il pas tressailli lorsque je me suis vu appelé à prendre place dans cette Assemblée dont tous les membres soupirent après le bonheur d'approcher de lui comme le cerf haletant et dévoré de la soif soupire après des sources d'eaux vives.

A la voix du Préfet, j'ai précipité mes pas ; j'eusse désiré avoir des ailes comme la colombe pour jouir plus tôt de la vue de son visage, pour me rassasier de la contemplation de ses traits. Le bien que ses décrets font faire à notre nation sera pour lui-même un nouveau trophée. Il s'assure un nouveau tribut de louanges en jetant ses regards sur un peuple, victime, depuis qu'il existe, de toutes les infortunes, et toujours en but aux coups du sort.

Napoléon, c'est toi que le Seigneur a oint pour bander les plaies de ceux qui ont le cœur brisé ; toutes mes alarmes sont calmées ; celui qui a fait des prodiges plus grands que ceux de Cyrus fera aussi pour nous des miracles de bonté. Les restes de la maison de Juda vont pousser de profondes racines ; ils vont se couvrir de fruits abondants. Ah ! plût à Dieu que le Tout-Puissant, terrible dans ses œuvres, m'eût donné une langue éloquente pour célébrer tes louanges dans des chants qui passent à tous les siècles futurs, comme les oracles d'Isaïe ont immortalisé le nom de Cyrus ! Mais aujourd'hui, je suis contraint de t'adresser l'expression de mes vœux dans un autre langage et de faire passer mes pensées dans une langue étrangère. Aucun Séraphin n'a touché mes lèvres et ne les a purifiées par un charbon ardent ; comment donc pourrait-il m'entendre, moi qui dans les jours de ma jeunesse, ne me suis pas exercé à ce talent, et que n'ont point instruit des maîtres habiles? Lorsque j'étais dans ma terre natale, il y a déjà quatre années, au jour où par le choix de la Nation, tu reçus, ô Napoléon, le Gouvernement pour toute la durée de ta vie, lorsque les cris de joie qui annonçaient cette heureuse nouvelle retentirent à mes oreilles, de nouveaux transports s'emparèrent de mon âme ; l'enthousiasme me saisit, et je commençai à chanter les grandes actions du héros qui remplissait la terre de sa renommée. Comment me tairais-je aujourd'hui au sein de la ville où réside sa Majesté, lorsque je jouis de sa présence. Mais que puis-je ajouter de plus pour exprimer les sentiments qui m'animent? Jamais homme semblable à lui, n'a paru sur la terre. Puissent toutes ses entreprises être couronnées des plus heureux succès! puisse le Ciel, favorable à nos vœux, lui accorder de longues années, et les enfants d'Israël, soumis à ses lois, être inondés comme d'un fleuve de paix.

§ V

Les réponses de l'Assemblée des Députés Juifs aux Questions posées par Napoléon.

Dans les séances suivantes, l'Assemblée des députés Juifs discute et adopte les réponses aux questions adressées par l'empereur.

PREMIÈRE QUESTION

Est-il licite aux Juifs d'épouser plusieurs femmes ?

RÉPONSE

Il n'est point licite aux Juifs d'épouser plusieurs femmes ; ils se conforment généralement, dans tous les États de l'Europe, à l'usage de n'épouser qu'une seule femme. Moïse ne commande pas expressément d'en prendre plus d'une, mais il ne le défend pas ; il semble même adopter implicitement cet usage comme établi, puisqu'il règle le partage des successions entre les enfants de plus d'une épouse.

Quoique cet usage existe dans tout l'Orient,

néanmoins, leurs anciens docteurs leur prescrivent de ne prendre plus d'une femme qu'autant que leur fortune leur permettra de pourvoir à tous besoins. Il n'en fut point de même en Occident. Le désir de se conformer aux usages des nations de cette partie de l'Europe parmi lesquelles ils s'étaient répandus, leur avait fait renoncer à la polygamie; mais, comme quelques individus se la permettaient encore, cette circonstance détermina, dans le onzième siècle, la convocation d'un synode à Worms, présidé par le rabbin Guerson, et composé de cent rabbins. Cette assemblée prononça anathème contre tout Israélite qui se permettrait à l'avenir d'épouser plus d'une femme.

Quoique ce synode n'eût pas fait cette défense pour toujours, l'influence des mœurs européennes a prévalu partout.

DEUXIÈME QUESTION

Le divorce est-il permis par la religion Juive? Le divorce est-il valable sans qu'il soit prononcé par les tribunaux, et en vertu de lois contradictoires à celles du code français?

RÉPONSE

La répudiation est permise par la loi de Moïse; mais elle n'est point valable si elle n'est préalablement prononcée par les tribunaux en vertu du code français. Aux yeux de tous les Israélites sans exception, la soumission à la loi du prince est le premier des devoirs ; c'est un principe généralement reçu parmi eux que, dans tout ce qui concerne les intérêts civils et politiques, la loi de l'Etat est la loi suprême.

Avant qu'ils n'eussent été admis en France à la jouissance des droits des autres citoyens, et lorsqu'ils vivaient sous une législation qui leur permettait de se régir, selon leurs usages religieux, ils avaient la faculté de répudier, mais il était extrêmement rare qu'ils en usassent. Depuis la Révolution, ils n'ont reconnu à cet égard que la loi française. Lors de leur admission aux droits de citoyens, les rabbins et les principaux Juifs de toute la France se présentèrent devant les municipalités des lieux et y prêtèrent serment de s'y conformer en tout aux lois et de n'en point reconnaître d'autres pour régler leurs intérêts civils. Ils ne peuvent donc plus regarder comme valable la répudiation prononcée par leurs rabbins, puisque pour avoir ce caractère, elle doit l'être auparavant par les tribunaux ; car de même qu'en vertu d'un arrêté des consuls, les rabbins ne peuvent imposer la bénédiction nuptiale, sans qu'il leur ait apparu de l'acte des conjoints devant l'officier civil, de même ils ne peuvent prononcer la répudiation qu'autant qu'il leur ait apparu du jugement qui le consacre.

Quand même l'arrêté précité n'aurait pas statué à cet égard, la répudiation rabbinique ne serait valable ; car, selon les rabbins qui ont écrit sur le code civil des Juifs, tels que Joseph Caro dans l'Abénéser, la répudiation n'est valable qu'autant qu'il n'existe aucun empêchement quelconque, et comme à l'égard des intérêts civils, la loi de l'État serait un empêchement puisque l'un des conjoints pourrait s'en prévaloir contre l'autre, il résulte nécessairement que, sous l'influence du code civil, la répudiation rabbinique n'est point valable.

Ainsi, depuis que les Juifs contractent devant l'officier civil, nul parmi ceux qui tiennent aux observances religieuses ne peut se séparer de sa femme que par un double divorce, celui de la loi de l'État et celui de la loi de Moïse, et, sous ce rapport, on peut assurer que la religion juive est parfaitement en harmonie avec le code civil.

TROISIÈME QUESTION

Une Juive peut-elle se marier avec un Chrétien, et une Chrétienne avec un Juif, ou la loi veut-elle que les Juifs ne se marient qu'entre eux ?

RÉPONSE

La loi ne dit point qu'une Juive ne puisse se marier avec un Chrétien, ni une Chrétienne avec un Juif. Elle ne dit pas non plus que les Juifs ne puissent se marier qu'entre eux.

La loi ne prohibe nominativement les mariages qu'aux sept nations chananéennes, avec Amon et Moab, et avec les Égyptiens.

La défense à l'égard des sept nations est absolue ; celle avec Amon et Moab se borne, selon plusieurs talmudistes, aux hommes de ces deux nations, et non aux femmes ; on croit même qu'il faut que celles-ci aient embrassé la religion juive. Quant au Égyptiens, la défense est limitée à la troisième génération. La prohibition ne s'applique qu'aux peuples idolâtres, et le Talmud déclare formellement que les nations modernes ne le sont pas, puisque, comme nous, elles adorent le Dieu du ciel et de la terre. Aussi, y a-t-il eu, à différentes époques, des mariages entre les Juifs et les Chrétiens, en France, en Espagne et en Allemagne ; ils furent successivement tolérés et défendus par les lois des princes, dans les États desquels ils ont été reçus ; il en existe aujourd'hui quelques-uns en France, mais on ne doit point laisser ignorer que l'opinion des rabbins est contraire à ces sortes d'alliances. Selon leur doctrine, quoique la religion de Moïse n'ait point défendu aux Juifs de s'allier avec ceux qui ne sont pas de leur religion, néanmoins comme le mariage d'après le Talmud, exige pour sa célébration des cérémonies religieuses appelées Kiduschim, et la bénédiction usitée en pareil cas, nul mariage n'est valable religieusement qu'autant que ces cérémonies ont été remplies. Elles ne peuvent l'être à l'égard de deux personnes qui ne reconnaissent pas également ces cérémonies comme sacrées, et, dans ce cas, les époux pourraient se séparer sans qu'ils eussent besoin du divorce religieux ; ils seraient regardés comme mariés civilement et non religieusement.

Telle est l'opinion des rabbins, membres de l'Assemblée ; en général, ils ne seraient pas plus disposés à bénir le mariage d'une chrétienne avec un juif, ou d'une juive avec un chrétien, que les catholiques ne consentiraient à bénir de pareilles unions.

Cependant les rabbins reconnaissent que les Juifs qui se marient avec des chrétiennes ne cessent pas pour cela d'être Juifs aux yeux de leurs coreligionnaires, tout comme le sont ceux qui épousent des juives civilement et non religieusement.

QUATRIÈME QUESTION

Aux yeux des Juifs, les Français sont-ils leurs frères, ou sont-ils des étrangers ?

RÉPONSE

Aux yeux des Juifs, les Français sont leurs frères et ne sont point étrangers.

L'esprit des lois de Moïse est conforme à cette manière de considérer les Français. Lorsque les Israélites formaient un corps de nation, leur religion leur prescrivait de regarder les étrangers comme leurs frères ; c'est avec une touchante sollicitude que leur législateur leur ordonne de les aimer. Souvenez-vous, leur dit-il, que vous avez été étrangers en Egypte.

Les égards, la bienveillance envers les étrangers sont recommandés par Moïse, non comme une exhortation à la pratique de la morale sociale, mais comme une obligation imposée par Dieu même. En moissonnant vos champs, leur dit-il, n'y retournez pas pour prendre les poignées des épis qu'on y aurait oubliés ; laissez-les pour le pauvre, l'étranger et la veuve. Ne maltraitez point l'étranger, ne lui faites point de tort, aimez-le, donnez-lui du pain, fournissez-lui des vêtements dans son besoin. Je suis l'Eternel votre Dieu, l'Eternel aime l'étranger. (Exode 22 et 23. Deutér. 22.)

A ce sentiment de bienveillance pour l'étranger, Moïse ajoute l'amour général pour l'humanité ; aime ton semblable comme toi-même. David s'exprime aussi en ces termes : le Seigneur notre Dieu est plein de bonté, sa miséricorde s'étend sur toutes ses œuvres. Cette doctrine est professée par le Talmud.

Ceux qui observent les Noachides, dit un Talmudiste, quelles que soient d'ailleurs leurs mœurs, nous sommes obligés de les aimer comme nos frères, de visiter leurs malades, d'enterrer leurs morts, d'assister leurs pauvres comme ceux d'Israël ; enfin, il n'y a point d'acte d'humanité dont un vrai Israélite puisse se dispenser envers l'observateur des Noachides. Qu'est-ce que ces préceptes ? de s'éloigner de l'idolâtrie, de ne point blasphémer, de s'absteuir de tout adultère, de ne tuer ni blesser son prochain, de ne voler, ni tromper, de ne manger de la chair des animaux qu'après les avoir tués, enfin de maintenir la justice. Ainsi, tous nos principes nous font un devoir d'aimer les Français comme nos frères. Un païen ayant consulté le rabbin Hillel sur la religion juive, et voulant savoir, en peu de mots, en quoi elle consistait, Hillel lui répondit : Ne fais pas à ton semblable ce que tu ne voudrais pas qu'on te fit. Voilà, dit-il, la religion, tout le reste n'en est que la conséquence. Une religion qui a de pareilles bases, une religion qui ordonne d'aimer l'étranger, qui prêche la pratique des vertus sociales, exige à plus forte raison que ses sectateurs regardent leurs concitoyens comme leurs frères.

Et comment pourraient-ils les regarder autrement lorsqu'ils vivent sur le même sol, qu'ils sont régis et protégés par le même gouvernement et par les mêmes lois, qu'ils jouissent des mêmes droits et remplissent les mêmes devoirs? Il y a même, entre le Juif et le Chrétien, un lien de plus qui compense amplement la différence de religion, c'est le lien de la reconnaissance. Ce sentiment qu'une simple tolérance nous avait inspiré, a reçu par les bienfaits du nouveau gouvernement, depuis dix-huit ans, un degré d'énergie qui associe en tout notre destinée à la destinée commune des Français. Oui, la France est notre patrie, les Français sont nos frères, et ce titre glorieux, en nous honorant à nos propres yeux, est un sûr garant que nous ne cesserons jamais de les mériter.

CINQUIÈME QUESTION

Dans l'un et l'autre cas, quelles sont les rapports que leur loi leur prescrit avec les Français qui ne sont pas de leur religion ?

RÉPONSE

Ces rapports sont les mêmes que ceux qui existent entre un Juif et un autre Juif, nous n'admettons d'autre différence que celle d'adorer l'Etre suprême chacun à sa manière. On a vu par la réponse à la question précédente, quels sont les rapports que la loi de Moïse, le Talmud et l'usage nous prescrivent avec les Français qui ne sont pas de notre religion.

Aujourd'hui que les Juifs ne forment plus une nation et qu'ils ont l'avantage d'être incorporés dans la grande nation, ce qu'ils regardent comme une rédemption politique, il n'est pas possible qu'un Juif traite un Français qui n'est pas de sa religion autrement qu'il ne traite un de ses coreligionnaires.

SIXIÈME QUESTION

Les Juifs nés en France et traités par la loi comme citoyens français regardent-ils la France comme leur patrie ? Ont-ils l'obligation de la défendre ; sont-ils obligés d'obéir aux lois et à suivre toutes les dispositions du Code civil ?

RÉPONSE

Des hommes qui ont adopté une patrie, qui y résident depuis plusieurs générations, qui, sous l'empire même des lois particulières qui restreignaient leurs droits civils, lui étaient assez attachés pour préférer aux malheurs de la quitter celui de ne point participer à tous les avantages dss autres citoyens, ne peuvent se regarder en France que comme Français, et l'obligation de la défendre reste à leurs yeux un devoir également honorable et précieux.

Jérémie, chap. 29, recommande aux Juifs de regarder Babylone comme une patrie, quoiqu'ils ne dussent y rester que soixante-dix ans ; il les exhorte à défricher les champs, à bâtir des maisons, à semer et à planter. Sa recommandation fut tellement suivie qu'Esdras, chap. 2, dit que lorsque Cyrus leur permit de retourner à Jérusalem pour rebâtir le second temple, il n'en sortit que quarante-deux mille trois cent soixante, que ce nombre n'était composé que de prolétaires, et que tous les riches restèrent à Babylone.

L'amour de la patrie est parmi les Juifs un sentiment si naturel, si vif et tellement conforme à leur croyance religieuse, qu'un Juif français en Angleterre se regarde, même au milieu des autres

Juifs, comme étranger, et qu'il en est de même d'un Juif anglais en France.

Ce sentiment est à ce point que l'on a vu des Juifs français dans la dernière guerre, se battre à outrance contre les Juifs des pays avec lesquels la France était en guerre. Il y en a plusieurs qui sont couverts d'honorables cicatrices et d'autres qui ont obtenu sur le champ d'honneur des témoignages éclatants de leur bravoure.

SEPTIÈME QUESTION

Qui nomme les rabbins?

RÉPONSE

Depuis la Révolution, dans les lieux où il y a assez de Juifs pour pourvoir à l'entretien d'un rabbin, il est nommé par les chefs de famille à la pluralité des suffrages, après que l'on a pris des informations sur sa moralité et sa capacité. Cependant, ce mode n'est pas uniforme, il varie selon les localités, et, aujourd'hui, tout ce qui a rapport à l'élection des rabbins est dans l'incertitude.

HUITIÈME QUESTION

Quelle juridiction de police exercent les rabbins parmi les Juifs?

Quelle police judiciaire exercent-ils parmi eux?

RÉPONSE

Les rabbins n'exercent aucune juridiction parmi les Juifs. La qualification de rabbin ne se trouve nulle part dans la loi de Moïse; elle n'existait pas davantage dans le temps du premier temple, et il n'en est fait mention que vers la fin du second. A ces époques, les Juifs se régissaient par des Sanhédrins ou tribunaux.

Il y en avait un suprême, appelé le Grand Sanhédrin, qui siégeait à Jérusalem et qui était composé de soixante et onze juges.

Il y avait des tribunaux subalternes, composés de trois juges pour les affaires civiles et de police, et un autre de vingt-deux juges qui siégeaient dans le chef lieu pour les affaires les plus importantes, et que l'on qualifiait de Petit-Sanhédrin. Ce n'est que dans la Mishua et le Talmud, que l'on trouve, pour la première fois, la qualification de rabbin pour désigner un docteur de la loi, et c'était ordinairement la voix publique sur la réputation dont il jouissait, qui le faisait appeler rabbin. Lorsque les Israélites furent entièrement dispersés, ils formèrent de petites communautés dans les lieux où il leur fut permis de se réunir en certain nombre. Là, il y eut quelquefois un rabbin et quelques autres docteurs qui sous le nom de Ceshdin, c'est-à-dire maison de justice, rendirent des jugements. Le rabbin faisait les fonctions de président, et deux autres, celles de juges ou d'assesseurs. Les attributions comme l'existence de ces tribunaux ont toujours dépendu, jusqu'à nos jours, de la volonté des gouvernements sous lesquels les Juifs ont vécu et selon le degré de tolérance dont ils ont joui.

Depuis la Révolution, il n'existe plus en France, ni dans le royaume d'Italie aucun de ces tribunaux de rabbins. Les Juifs devenus citoyens, se sont conformés en tout aux lois de l'État. Aussi, les attributions des rabbins, dans les lieux où il y en a, se bornent-elles à prêcher la morale dans les temples, à bénir les mariages et à prononcer les divorces. Dans les lieux où il n'y a point de rabbins, le premier Juif, instruit dans sa religion, peut selon la loi, bénir un mariage sans l'assistance d'un rabbin ; ce qui est sans doute un inconvénient dont il importe de prévenir les suites, en étendant la défense faite aux rabbins, par l'arrêté des consuls du 1er prairial an X, à toutes les autres personnes qui seraient appelées à bénir un mariage. A l'égard de la police judiciaire parmi eux, comme ils n'ont aucune hiérarchie ecclésiastique constituée, aucune subordination des fonctions religieuses, ils n'en exercent aucune.

NEUVIÈME QUESTION

Ces formes d'élections, cette juridiction de police judiciaire, sont-elles voulues par leurs lois, ou seulement consacrées par l'usage?

RÉPONSE

Les réponses faites aux deux questions précédentes dispensent de rien dire sur celle-ci. On peut seulement faire remarquer, qu'en supposant que les rabbins eussent conservé de nos jours quelque juridiction de police judiciaire, ce qui n'est pas, cette juridiction, non plus que les formes d'élection ne seraient point voulues par les lois, mais seraient seulement établies par l'usage.

DIXIÈME QUESTION

Est-il des professions que la loi des Juifs leur défende?

RÉPONSE

Il n'en est aucune ; au contraire, le Talmud (voyez Kiduschim, chap. 1er), déclare positivement que le père de famille qui n'enseigne pas une profession à son enfant, l'élève pour la vie des brigands.

ONZIÈME QUESTION

La loi des Juifs leur défend-elle de faire l'usure à leurs frères ?

RÉPONSE

Le Deutéronome, chap. 23, verset 19, porte : Vous ne prêterez point à intérêt à votre frère.

Le mot hébreu Nechec, que l'on a traduit par celui d'usure, a été mal interprété. Il n'exprime en langue hébraïque qu'un intérêt quelconque, et non un intérêt usuraire, il n'a donc point la signification que nous donnons aujourd'hui au mot usure ; il est même impossible qu'il ait cette signification, car cette expression est relative, et il n'y a rien dans le texte qui serve de terme à sa relation.

Qu'entendons-nous par le mot français usure ? N'est-ce pas un intérêt au-dessus de l'intérêt légal, là où la loi a fixé le taux de ce dernier ? Si la loi de Moïse n'a pas fixé ce taux, peut-on dire que le mot hébreu signifie un intérêt illégitime.

Le mot nechec est, dans la langue hébraïque, ce qu'est, dans la langue latine, le mot *fœnus*.

Ainsi, pour qu'il y eût lieu de croire que ce mot pût signifier usure, il faudrait qu'il en existât un autre qui signifiât intérêt. De cela seul que ce mot n'existe point, tout intérêt est usure, ou toute usure est intérêt.

Quel était le but du législateur en défendant à un Hébreu de prendre intérêt d'un autre ? C'était de resserrer entre eux les liens de la fraternité, de leur prescrire une bienveillance réciproque, et de les engager à s'aider les uns les autres avec désintéressement. La première pensée avait été d'établir entre eux l'égalité des biens et la médiocrité des fortunes particulières : de là, l'institution sabbatique et de l'année judiciaire, dont l'une revenait tous les sept ans, et l'autre après cinquante ans. Par l'année sabbatique, toutes les dettes se prescrivaient. L'année jubilaire amenait la restitution de tous les biens vendus ou aliénés.

Il était facile de prévoir que la différente nature des terrains, le plus ou le moins d'industrie, les fléaux du ciel qui pouvaient épargner l'un et frapper l'autre, devaient forcément apporter de l'inégalité dans les produits, que l'Israélite malheureux aurait recours à celui que la fortune aurait favorisé. Moïse n'a pas voulu que celui-ci profitât de l'avantage de sa situation, et fît payer au premier le service qu'il venait réclamer de lui ; qu'il aggravât ainsi le malheur de son frère et s'enrichît lui-même en l'appauvrissant. C'est dans cette vue qu'il leur a dit : Ne prêtez point à intérêt à votre frère.

Mais quels prêts pouvaient se faire les Juifs entre eux, dans un temps où ils n'avaient aucun commerce, où il circulait si peu d'argent, où la plus grande égalité régnait dans les propriétés ? Ce ne pouvait être que quelques boisseaux de blé, quelques bestiaux, quelques instruments de labourage, et Moïse voulait que ces services fussent gratuits.

Il ne voulait faire de son peuple qu'un peuple de laboureurs. Longtemps même après lui, et quoique l'Idumée fût assez près des côtes de la mer, occupée par les Syriens, les Sidoniens et autres nations navigatrices et commerçantes, on ne voit point que les Hébreux s'adonnassent au commerce. Toutes les ordonnances de leur législateur semblaient les en éloigner.

Ainsi, il ne faut pas considérer la défense de Moïse comme un principe de la loi de commerce, mais seulement comme un principe de charité. Selon le Talmud, il ne s'agit que du prêt en quelque sorte domestique, du prêt fait à un particulier ; car s'il s'agissait d'un prêt fait à un négociant même Juif, il serait permis sous la condition d'un profit relatif au risque. Autrefois, le mot usure ne représentait aucune mauvaise acception et signifiait simplement un intérêt quelconque. L'expression usure ne peut plus rendre le sens du texte hébreu ; aussi, la bible d'Osterwald et celle des Juifs portugais appellent intérêt ce que Sacy, d'après la Vulgate, appelle usure.

Ainsi, par la loi de Moïse, le simple prêt à intérêt, non seulement entre Juif et Juif, mais encore entre un Juif et un compatriote, sans distinction de religion, est défendu. Il doit être gratuit toutes les fois qu'il s'agit d'obliger celui qui réclame notre secours et que l'emprunt n'a pas pour objet une entreprise de commerce.

Il ne faut pas perdre de vue que ces lois si belles et si humaines à une époque si reculée ont été faites pour un peuple qui formait alors un État, et tenait une place parmi les nations.

Qu'on jette un regard sur les restes de ce peuple infortuné, dispersé chez tous les peuples de la terre, on verra que depuis que les Juifs ont été dépossédés de la Palestine, il n'y a plus eu pour eux de demeure commune, de propriété, d'égalité primitive à maintenir. Quoique remplis eux-mêmes de l'esprit de leur législation, ils ont senti que du moment où le principe de la loi n'existait plus, ils ne devaient plus la suivre, et on les a vus sans aucun scrupule, prêter à intérêt aux Juifs commerçants, comme aux hommes d'un culte différent.

DOUZIÈME QUESTION

Leur permet-elle, ou leur défend-elle de faire l'usure aux étrangers ?

RÉPONSE

Nous avons vu dans la réponse à la question précédente, que la défense de l'usure considérée comme l'intérêt le plus modique, était moins un principe de commerce, qu'un principe de charité, et de bienfaisance ; c'est sous ce point de vue qu'elle est également condamnée par Moïse et par le Talmud, et que la défense sous ce rapport s'applique autant à nos concitoyens qui ne sont pas de la même religion qu'à nos coreligionnaires. Cette disposition de la loi qui permet de prendre intérêt de l'étranger, ne se rapporte évidemment qu'aux nations avec lesquelles on a des relations de commerce.

Autrement il y aurait une contradiction manifeste contre ce passage et vingt autres des livres sacrés : aimez l'étranger, parce que le Seigneur votre Dieu l'aime : donnez-lui la nourriture et le vêtement. Il n'y aura qu'une même loi pour vous, et pour les étrangers qui sont dans votre pays ; que la justice se rende également parmi vous, aux étrangers et à vos concitoyens ; que maudit soit celui qui fera le moindre tort à l'étranger : traitez l'étranger comme vous-mêmes. Ainsi, la restriction ou la défense s'applique à l'étranger qui réside dans Israël ; l'Écriture le met sous la sauvegarde de Dieu, c'est un hôte sacré, et Dieu fait un devoir de l'accueilir comme la veuve et l'orphelin. •

Il est évident que le texte *extraneis fœnerabis et fratri tuo non fœnerabis* ne peut s'entendre que des nations étrangères avec lesquelles on fait le commerce : et même en ce cas, l'Écriture, en permettant de prendre intérêt de l'étranger, n'entend point par là aucun profit excessif, oppresseur, odieux, à celui qui le paye.

Non licuisse Israélites, disent les docteurs, *usuras immoderatas exigere ab extraneis etiam divitibus ; res est par se nota.* Moïse, s'il était le législateur des Juifs, était-il le législateur de l'univers. Les lois qu'il donnait au peuple que Dieu lui avait confié, allaient-elles devenir les lois du monde ? Pouvait-il étendre sur tous les hommes ce précepte : Vous ne prendrez point d'intérêt à vos frères ? Quelle garantie avait-il que dans les relations qui devaient naturellement s'établir entre la nation juive et les nations étrangères, ces dernières renonceraient aux usages généralement répandus dans le commerce et prêteraient aux Juifs sans exiger d'intérêts, et alors fallait-il qu'il consentît à les sacrifier, à les appauvrir, pour enrichir les peuples étrangers ? N'est il pas absurde de lui faire un crime de la restriction qu'il a mise au précepte du Deutéronome ? Quel est le législateur qui ne l'ait regardé comme un principe naturel de réciprocité ? Combien, à cet égard, la législation de Moïse est plus simple, plus noble, plus juste et plus humaine que celle des Grecs et des Romains ! Vit-on jamais, parmi les anciens Israélites, ces scènes de scandale et de révolte provoquées par la dureté des créanciers envers les débiteurs ? ces fréquentes abolitions de dettes pour éviter qu'une multitude appauvrie ne se livrât au désespoir ? La législation mosaïque et ses interprètes ont distingué, avec une humanité digne d'éloges, les divers usages de l'argent emprunté. Est-ce pour soutenir la famille ? L'intérêt est défendu. Est-ce pour entreprendre un commerce qui fait courir un risque aux capitaux du prêteur ? L'intérêt est permis même de Juif à Juif. Prête aux pauvres, dit Moïse ; ici le tribut de la reconnaissance est le seul intérêt. Le salaire du service rendu est dans la satisfaction de l'avoir rendu. Il n'en est pas de même du riche qui emploie des capitaux dans l'exploitation d'un grand commerce : là, il permet que le prêteur soit associé aux profits de l'emprunteur, et comme le commerce était pour ainsi dire nul parmi les Israélites exclusivement adonnés au labourage, et qu'il ne se faisait qu'avec les étrangers, c'est à dire les nations voisines il fut permis d'en partager les profits avec elles. C'est ce qui fit dire à Mc de Clermont-Tonnerre, dans l'Assemblée Constituante, ces paroles remarquables : « L'usure, dit-on, est permise aux Juifs ; cette assertion n'est fondée que sur une interprétation fausse d'un principe de bienfaisance et de fraternité qui leur défendait de prêter à intérêt entre eux. »

Cette opinion est celle de Puffendorff et d'autres publicistes.

On s'est fort égayé contre les Juifs d'un passage de Maimonide, qui semble avoir fait un précepte de l'expression *Lenochri Tassich ;* mais si Maimonide n'a pas craint de soulever cette opinion, on sait que le savant rabbin Abarbenel a réfuté ce sentiment d'une manière victorieuse.

On trouve encore dans le Talmud, traité de Macot, que l'un des moyens d'acquérir la perfection est de prêter sans intérêt à l'étranger même dolâtre.

Au reste quelle que fût, s'il est permis de s'exprimer ainsi, la condescendance de Dieu pour les Hébreux, on ne saurait raisonnablement soutenir que ce père commun des hommes a pu dans aucun temps commander l'usure. Le sentiment de Maimonides, qui avait soulevé contre lui tous les docteurs Juifs, fut principalement condamné par les fameux rabbins Moïse de Gironda et Salomon Ben Adereth ; d'abord sur ce qu'il s'était appuyé du sentiment de Siffri, docteur particulier, dont la doctrine n'a pas été sanctionnée par le Talmud, car il est de règle générale que toute opinion rabbinique qui n'est pas sanctionnée dans cet ouvrage doit être considérée comme réfutée. En second lieu, parce que, si Maimonide a entendu que le mot *Nochri*, c'est-à-dire étranger, regardait le Chananéen, peuple proscrit de Dieu, néanmoins il n'aurait pas dû confondre le droit public, qui dérivait d'un ordre extraordinaire de Dieu aux Israélites considérés comme nation, avec le droit privé d'un particulier contre un autre particulier de cette même nation.

Il est incontestable, d'après le Talmud, que l'intérêt, même entre Israélites, est permis lorsqu'il s'agit d'opérations de commerce, dans lesquelles le prêteur, en courant une partie des risques de l'emprunteur, s'associe aussi à ses profits. C'est l'opinion de tous les docteurs juifs. On voit que les opinions absurdes et contraires à la morale sociale que peut avoir avancées un rabbin, ne doivent pas faire porter un jugement défavorable sur la doctrine générale des Juifs, de même que les idées semblables avancées par des théologiens catholiques ne doivent pas être mises sur le compte de la doctrine évangélique.

On peut en dire autant de l'imputation faite aux Hébreux d'avoir une disposition naturelle à l'usure. On ne peut pas nier qu'il ne s'en trouve quelques-uns, mais en bien plus petit nombre qu'on ne pense, qui se livrent à ce honteux commerce défendu par leur religion.

S'il en est quelqu'un qui s'écarte à cet égard des lois de la délicatesse, n'est-il pas injuste d'imputer ce vice à cent mille individus ? Ne le serait-il pas de l'imputer à tous les Chrétiens, parce qu'il s'en trouve qui se le permettent ?

Ce long plaidoyer pour la cause juive est soumis à l'Empereur par ses commissaires ; il est précédé d'une déclaration de l'Assemblée des députés juifs, qui est un acte de fidèle soumission au gouvernement.

DÉCLARATION

Les députés français professant la religion de Moïse arrêtent que la déclaration suivante précèdera les réponses qu'ils doivent faire aux questions qui leur seront adressées par les commissaires de Sa Majesté Impériale et Royale. L'Assemblée, vivement pénétrée des sentiments de reconnaissance, d'amour, de respect et d'admiration pour la personne sacrée de Sa Majesté Impériale et Royale, déclare, au nom des Français qui professent la religion de Moïse, que, pour se rendre dignes des bienfaits que Sa Majesté leur prépare, ils sont dans l'intention de se conformer à ses volontés paternelles ; que leur religion leur ordonne de regarder comme loi suprême la loi du prince en matière civile et politique ; qu'ainsi, lors même que leur code religieux, ou les interprétations qu'on lui donne, renfermeraient des dispositions civiles ou politiques qui ne seraient pas en harmonie avec le code français, ces dispositions cesseraient dès lors de les régir, puisqu'ils doivent, avant tout, connaître la loi du prince et lui obéir ; que, par suite de ce principe, dans tous les temps, les Juifs se sont fait un devoir de se soumettre aux lois de l'Etat, et que depuis la Révolution, ils n'en ont point reconnu d'autres, ainsi que tous les Français.

C'est le 4 août 1806, que l'Assemblée des députés juifs vote cette déclaration. Le 17 août, toutes les réponses aux demandes de l'Empereur sont adoptées. Mais l'Assemblée ne va pas encore se séparer ; sa tâche n'est pas terminée ; les députés vont rester à Paris malgré la proposition qu'a faite M. de Champagny à l'Empereur d'en renvoyer une partie dans leurs départements respectifs.

§ VI

Convocation du Grand Sanhédrin.

Pour poursuivre et mener à bonne fin son œuvre de régénération de la nation juive par la religion, Napoléon imagine de composer et réunir une imposante assemblée de Juifs, ayant un caractère religieux, sur le mode du tribunal suprême qui exerçait la juridiction à Jérusalem. Il veut convoquer un Grand Sanhédrin pour convertir en dogmes les déclarations de l'Assemblée des députés Juifs, refondre la religion juive, l'épurer et l'adapter à la politique impériale.

Son plan est toujours le même ; l'Empereur ne s'écarte en aucune manière de la ligne de conduite qu'il s'est tracée ; il continue à jouer le rôle du médecin qui consulte son malade ; il veut se renseigner sur la constitution du peuple juif qui forme comme une plaie diffuse dans le corps vigoureux de la nation. Le malade sans doute fera des réticences, essayera de dissimuler la cause du mal qui le ronge et l'isole du reste du monde comme un lépreux. Mais l'empereur ne sera pas dupe de ce système, il est résolu, dès maintenant, à apporter un remède énergique à cette maladie devenue chronique par l'absence de soins et l'effet des siècles.

C'est dans ce sens qu'il écrit de Rambouillet, le 23 août, à son ministre de l'intérieur :

Monsieur Champagny, je vous envoie des notes qui vous feront connaître la direction que je désire donner à l'Assemblée des Juifs, et ce que les commissaires près cette assemblée ont à faire en ce moment.

NAPOLÉON.

NOTES ANNEXÉES A LA PIÈCE PRÉCÉDENTE

Depuis la prise de Jérusalem par Titus, un aussi grand nombre d'hommes éclairés, appartenant à la religion de Moïse, n'avaient pu se réunir ; on avait exigé des Juifs dispersés et persécutés soit des rétributions, soit des abjurations, soit enfin des engagements ou des concessions également contraires à leurs intérêts et à leur foi. Les circonstances actuelles ne ressemblent à aucune des époques qui ont précédé. On n'exige des Juifs, ni l'abjuration de leur religion, ni aucune modification qui répugne à sa lettre ou à son esprit. Lorsqu'ils étaient persécutés ou cachés pour se soustraire à la persécution, diverses sortes de doctrines ou d'usages se sont introduits. Les rabbins se sont arrogé le droit d'expliquer les principes de la foi, toutes les fois qu'il y a eu lieu à explication. Mais le droit de la législation religieuse ne peut appartenir à un individu ; il doit être exercé par une assemblée générale de Juifs légalement et librement réunie et renfermant dans son sein des Juifs espagnols et portugais, italiens, allemands et français représentant les Juifs de plus des trois quarts de l'Europe.

On pense, en conséquence, que la première chose à faire est de constituer l'Assemblée actuellement réunie à Paris en Grand Sanhédrin, dont les actes seront placés à côté du Talmud pour être articles de loi et principes de législation religieuse.

Cette première chose ainsi établie, tous les Juifs, de quelque nation qu'ils soient, seront invités à envoyer des députés à Paris et à concourir par leurs lumières aux opérations du Grand Sanhédrin.

En conséquence, il sera fait, par une sorte de proclamation, une notification à toutes les synagogues de France. Les représentations qui seront faites aux questions proposées seront alors converties en décisions théologiques règlementaires ou préceptes, de manière à avoir force de loi ecclésiastique et religieuse et à former une seconde législation des Juifs qui, conservant le caractère essentiel à celle de Moïse, s'adapte à la situation présente des Juifs, à nos mœurs et à nos usages.

Les questions ci-après ont été proposées, savoir :

1re Question. — *Est-il licite aux Juifs d'épouser plusieurs femmes?* — Il faut que la réponse négative soit positivement énoncée, et que l'Assemblée actuelle ou le Grand Sanhédrin défende en Europe la polygamie.

2e Question. — *Le divorce est-il permis par la*

religion juive ? Le divorce est-il valable sans qu'il soit prononcé par les tribunaux et en vertu de lois contradictoires à celles du peuple français ? — Il faut que l'Assemblée constituée en Grand Sanhédrin défende le divorce hors les cas permis par la loi civile au Code Napoléon, et qu'il ne puisse avoir lieu qu'après avoir été prononcé par l'autorité civile.

3e QUESTION. — *Une Juive peut-elle se marier avec un Chrétien et une Chrétienne avec un Juif ?* — Il faut que le Grand Sanhédrin déclare que le mariage religieux ne peut avoir lieu qu'après avoir été prononcé par l'autorité civile, et que des Juifs ou Juives peuvent épouser des Français ou des Françaises. Il faut même que le Grand Sanhédrin recommande ces unions comme moyen de protection et de convenance pour le peuple juif.

4e QUESTION. — *Aux yeux des Juifs, les Français sont-ils leurs frères ou des étrangers ?* — Le Sanhédrin, reconnaissant comme l'a fait l'Assemblée que les Français et les Juifs sont frères, établira ce principe : que les Juifs sont frères des habitants de tous les pays où on leur accorde non seulement tolérance, mais protection, et où ils sont admis à jouir des privilèges attachés à l'existence politique et civile. Il fera à cet egard la différence qui existe entre la législation française et l'italienne, et celle des autres pays.

5e Question. — *Dans l'un et l'autre cas, quels sont les devoirs que la loi leur prescrit avec les Français qui ne sont pas de leur religion?* — La réponse à cette question est une conséquence de ce qui est dit ci-dessus.

6e Question. — *Les Juifs nés en France et traités par la loi comme citoyens français regardent-ils la France comme leur patrie; ont-ils l'obligation de la défendre, d'obéir aux lois, et de suivre toutes les dispositions du Code civil?* — Il faut que le Sanhédrin déclare que les Juifs doivent défendre la France comme ils défendaient Jérusalem, puisqu'ils sont traités en France comme ils le seraient dans la cité sainte; que le rachat de la conscription ne pourra avoir lieu que pour la moitié des conscrits de chaque année, et que les autres doivent servir personnellement.

7e Question. — *Qui nomme les rabbins?* — Il faut que le Sanhédrin décide par qui seront nommés les rabbins, comment ils seront organisés et payés, et qu'il établisse à Paris un conseil de rabbins dont les membres seront réputés les supérieurs, les surveillants des juifs. Ce Comité résidant à Paris, pourra être nommé Comité des rabbins ou de tout autre nom.

8e Question. — *Quelle juridiction de police exercent les rabbins parmi les Juifs? Quelle police judiciaire exercent-ils parmi eux?*

9e Question. — *Les formes d'élection et la juridiction de police judiciaire sont-elles voulues par la loi des Juifs, ou seulement consacrées par l'usage?* — Le Sanhédrin fera les règlements nécessaires pour déterminer les formes d'élection des rabbins, leurs fonctions, leur juridiction, etc.

10e Question. — *Est-il des professions que la loi des Juifs leur défende?*

11e Question. — *La loi des Juifs leur défend-elle de faire l'usure à leurs frères?*

12e Question. — *Leur défend-elle ou leur permet-elle de faire l'usure aux étrangers?* — Le Sanhédrin défendra l'usure envers les Français et envers les habitants de tous les pays où les Juifs sont admis à jouir de la loi civile. Il expliquera ainsi la loi de Moïse en établissant que les Juifs doivent considérer comme s'ils étaient à Jérusalem tous les lieux où ils sont citoyens, qu'ils ne sont étrangers que là où ils sont maltraités et vexés en vertu de la loi du pays, et que c'est dans ces lieux seulement que des gains illicites peuvent être tolérés par la législation religieuse.

Lorsque ce point aura été ainsi réglé par le Sanhédrin, on verra à chercher encore s'il y a des moyens efficaces pour retenir et comprimer cette habitude d'agiotage, cette organisation de fraude et d'usure.

Tout ceci ne doit servir que d'instruction aux

commissaires; ils reconnaîtront ce qu'on désire et chercheront d'abord les moyens d'y parvenir en conférant particulièrement avec les membres les plus influents de l'Assemblée. Lorsque leurs idées seront assises, ils se rendront à l'Assemblée; *ils diront que je suis content du zèle qui l'anime;* ils feront sentir que les circonstances sont extraordinaires, que je désire prendre tous les moyens pour que les droits qui ont été restitués au peuple juif ne soient pas illusoires et enfin pour leur faire trouver Jérusalem dans la France. Ils demanderont un Comité de neuf membres choisis parmi les plus éclairés de l'Assemblée avec lesquels ils puissent travailler et amener de grands résultats. Ce Comité fera des rapports à l'Assemblée. Le premier aura pour objet la formation du Grand Sanhédrin.

NAPOLÉON.

Non content de dicter les réponses qui devront être faites aux questions qu'il a posées, ce qui est le moyen le plus sûr d'en être satisfait, il ordonne de composer le Sanhédrin, de façon à s'y assurer une majorité dévouée à ses desseins. L'Assemblée des députés juifs a donné maintes preuves de sa servilité à l'égard de la politique impériale; il se garde donc bien de la licencier, comme l'a proposé M. de Champagny ; elle pourra exercer une influence bienfaisante sur les idées des trente nouveaux rabbins qui seront appelés pour la composition du Grand Sanhédrin. Elle ne restera pas d'ailleurs inactive : car elle aura à statuer sur des questions de discipline du culte mosaïque. Toutes ces vues sont exprimées dans cette note à son ministre de l'Intérieur :

Saint-Cloud, 3 septembre 1806.

La formation du Grand Sanhédrin au moyen de l'éloignement d'une partie des membres de l'Assemblée actuelle, n'est point une idée heureuse. Ces membres sont la base de l'opération, puisque ce sont eux qui ont fait les réponses. Ainsi l'on quitterait le certain pour l'incertain.

Il y a dans l'Assemblée quinze rabbins ; si ce nombre ne suffit pas, on peut en faire venir trente autres. On joindrait à ces quarante-cinq rabbins, trente des principaux membres de l'Assemblée, et ces soixante et quinze individus formeraient le Sanhédrin. Mais l'Assemblée telle qu'elle est resterait en entier ; elle serait seulement augmentée de trente rabbins nouvellement appelés.

La grande discussion aurait lieu dans l'Assemblée, et les bases arrêtées par elle seraient converties en décrets ou décisions par le Grand Sanhédrin. Par ce moyen, on aurait l'avantage de se servir d'un grand nombre d'individus déjà engagés pour influer sur les rabbins. Ce grand nombre engagerait les rabbins timides et agirait sur les rabbins fanatiques, en cas de résistance extraordinaire, en les plaçant entre la nécessité d'adopter les explications ou le danger d'un refus dont la suite serait l'expulsion du peuple juif. Ces querelles de famille conduiraient vraisemblablement au but qu'on se propose.

Ainsi donc, il ne faut renvoyer personne ; mais il faut changer l'Assemblée et déclarer qu'il sera formé dans son sein un grand Sanhédrin, composé de telle ou telle manière. On aura de la sorte au lieu de quelques rabbins qui ne verraient que le ciel et leur doctrine, une assemblée nombreuse qui jugera l'intérêt du peuple juif dans le rapprochement de tous les esprits ; une assemblée des principaux parmi les Juifs qui ne voudront pas qu'on puisse leur imputer les malheurs de la nation juive.

L'Assemblée actuelle serait donc l'Assemblée des représentants ou des principaux de la nation juive ; le Sanhédrin en serait le Comité. Ce qui justifiera la nécessité de l'existence de l'Assemblée, c'est qu'indépendamment des objets de politique qu'elle doit traiter, elle aura aussi à statuer sur des questions de discipline et à régler l'organisation, la nomination, le traitement, les pensions des rabbins, discussions dans lesquelles les rabbins seront parties.

Mais avant de faire venir, pour mettre l'Assemblée dans le cas de former dans son sein le Grand Sanhédrin, un nombre aussi considérable de rabbins, il faut s'assurer si les quinze rabbins, députés actuels, sont de l'opinion des réponses faites aux questions, et à quel point ils tiennent à des vues théologiques.

Il serait, en effet, fort ridicule de faire venir à grands frais, trente nouveaux rabbins pour déclarer que les Juifs ne sont pas les frères des Français.

NAPOLÉON.

En mettant les rabbins dans la nécessité d'adopter les solutions qu'il propose, sous peine de l'expulsion totale des Juifs, l'empereur peut être assuré de trouver dans le Sanhédrin une majorité à sa dévotion.

D'ailleurs, sur soixante-quinze membres dont se composera le Sanhédrin, quinze rabbins et trente autres membres doivent être pris dans l'Assemblée des députés juifs dont les idées sont déjà connues de l'Empereur.

Non seulement Napoléon compose le Sanhédrin à son gré, mais encore, après avoir limité les débats, il entend les diriger. Une commission de neuf membres choisis dans l'Assemblée des députés juifs, étudiera avec les commissaires impériaux les questions à traiter, et c'est sur le rapport de cette commission que seront appelés à voter l'Assemblée et le Sanhédrin. Cela veut dire que les commissaires impériaux, s'inspirant directement des volontés de l'Empereur, dirigeront la discussion.

Voici en quels termes, Molé, expose les ordres de l'Empereur à l'Assemblée des députés juifs, le 17 septembre 1806 :

Messieurs,

Sa Majesté l'Empereur et roi a vu avec satisfaction vos réponses ; elle nous a chargé de vous faire connaître qu'elle avait applaudi à l'esprit qui les a dictées. Mais les communications que nous venons vous faire en son nom prouveront bien mieux que nos paroles tout ce que cette Assemblée doit attendre de son auguste protection.

En nous présentant de nouveau, Messieurs, dans cette enceinte, nous y retrouvons les impressions et les pensées qui nous agitaient lorsque vous nous y avez reçu pour la première fois. En effet, qui ne serait saisi d'étonnement à la vue de cette réunion d'hommes éclairés, choisis parmi les descendants du plus ancien peuple de la terre? Si quelque personnage des siècles écoulés revenait à la lumière, et qu'un tel spectacle vînt à frapper ses regards, ne se croirait-il pas transporté dans les murs de la Cité sainte, ou ne penserait-il pas qu'une révolution terrible a renouvelé les choses humaines jusque dans leurs fondements? Il ne se tromperait pas, Messieurs, c'est au sortir d'une révolution qui menaçait d'engloutir les religions, les trônes et les empires que les autels et les trônes se relèvent de toutes parts pour protéger la terre. Une foule insensée avait tenté de tout détruire, un seul homme est venu et a tout réparé. Le monde entier et le passé depuis son origine ont été livrés à ses regards; il a vu, répandus sur la surface du globe, les restes épars d'une nation aussi célèbre par son abaissement qu'aucun peuple ne le fut jamais par sa grandeur. Il était juste qu'il s'occupât de son sort et l'on devait s'attendre que ces mêmes Juifs qui tiennent une si grande place dans les souvenirs des hommes, fixeraient l'attention d'un prince qui doit à jamais remplir leur mémoire.

Les Juifs, accablés du mépris des peuples et souvent en butte à l'avarice des souverains, n'ont point encore été traités avec justice. Leurs coutumes et leurs pratiques les isolaient des sociétés qui les repoussaient à leur tour ; et ils n'ont cessé d'attribuer aux lois humiliantes qui leur étaient imposées, les désordres et les vices qu'on leur reproche. Aujourd'hui même encore, ils expliquent l'éloignement de quelques-uns d'entre eux pour l'agriculture et les professions utiles, par le peu de confiance que peut prendre dans l'avenir des hommes dont l'existence, dépend depuis tant de siècles, de l'esprit du moment et du caprice de la puissance ; désormais, ne pouvant plus se plaindre, ils ne pourront plus se justifier.

Sa Majesté a voulu qu'il ne restât aucune excuse à tous ceux qui ne deviendraient pas citoyens ; elle vous assure le libre exercice de votre religion et la pleine jouissance de vos droits politiques ; mais, en échange de l'auguste protection qu'elle vous accorde, elle exige une garantie religieuse de l'exacte observation des principes énoncés dans vos réponses.

Cette assemblée, telle qu'elle est constituée aujourd'hui, ne pouvait à elle seul la lui offrir ; il faut que ses réponses converties en décisions par une autre assemblée d'une forme plus imposante encore et plus religieuse, puissent être placées à côté du Talmud, et acquièrent ainsi aux yeux des Juifs de tous les pays et de tous les siècles, la plus grande autorité possible. C'est aussi l'unique moyen de répondre à la grandeur et à la générosité des vues de Sa Majesté et de faire éprouver l'heureuse influence de cette mémorable époque à tous vos coreligionnaires.

La foule des commentateurs de votre loi en a sans doute altéré la pureté, et la diversité de leurs opinions a dû jeter dans le doute la plupart de ceux qui les lisent. Il s'agit donc de rendre à l'universalité des Juifs l'important service de fixer leurs croyances sur les matières qui vous ont déjà été soumises. Pour rencontrer dans l'histoire d'Israël une assemblée revêtue d'une autorité capable de produire les résultats que nous attendons, il faut remonter jusqu'au Sanhédrin. C'est le grand Sanhédrin que Sa Majesté se propose de convoquer aujourd'hui. Ce corps tombé avec le Temple, va reparaître pour éclairer, par tout le monde, le peuple qu'il gouvernait ; il va le rappeler au véritable esprit de la loi, et lui en donner une explication digne de faire disparaître toutes les interprétations mensongères ; il lui dira d'aimer et de défendre les pays qu'il habite, et il lui apprendra que tous les sentiments qui l'attachaient à son antique patrie, il les doit aux lieux où, pour la première fois depuis sa ruine, il peut élever sa voix.

Enfin, selon l'ancien usage, le grand Sanhédrin sera composé de soixante dix membres, sans compter son chef; les deux tiers ou environ, seront des rabbins, parmi lesquels on verra d'abord ceux qui sont ici présents, et qui ont approuvé les réponses ; l'autre tiers sera choisi par cette assemblée elle-même, dans son sein et au scrutin secret. Les fonctions du grand Sanhédrin consisteront à convertir en décisions doctrinales les réponses déjà rendues par l'assemblée, ainsi que celles qui pourraient encore résulter de la continuation de ses travaux ; car, vous l'entendez, Messieurs, votre mission n'est pas encore remplie ; elle durera aussi longtemps que celle du grand Sanhédrin, il ne fera que ratifier et donner un nouveau poids à vos réponses. D'ailleurs Sa Majesté a été trop satisfaite de vos intentions et de votre zèle, pour dissoudre cette assemblée avant d'avoir terminé le grand œuvre auquel elle l'a appelée à concourir.

Avant tout, il convient que vous nommiez au scrutin secret un comité de neuf membres, qui puisse préparer avec nous les matières qui doivent faire le sujet de nouvelles discussions et les décisions du Grand Sanhédrin. Vous observerez que, dans la composition de ce comité, les Juifs portugais, italiens et allemands se trouvent également représentés. Nous vous invitons aussi à annoncer sans délai la convocation du Grand

Sanhédrin à toutes les synagogues de l'Europe, afin qu'elles envoient à Paris des députés capables de fournir au gouvernement de nouvelles lumières, et dignes de communiquer avec vous.

La réponse du président de l'Assemblée, Abraham Furtado, mérite d'être citée, comme un témoignage d'admiration servile pour l'Empereur, son gouvernement et son œuvre :

Les nouvelles communications que vous venez de nous donner de la part de Sa Majesté nous confirment de plus en plus dans les espérances que nous avions conçues de ses vues paternelles à notre égard.

Tout homme doué d'un esprit éclairé et d'une âme bienfaisante peut avoir l'idée d'une réforme politique avantageuse à l'humanité ; mais ces conceptions philanthropiques restent le plus souvent sans exécution, reléguées parmi les rêves des gens de bien, soit parce qu'en voyant le but, leur esprit n'a pas assez d'étendue pour voir les moyens de l'atteindre, soit parce que l'usage de ces moyens est hors de la portée d'une condition privée.

Il n'en est pas de même d'un prince puissant et révéré, de l'un de ces hommes extraordinaires qui entraînent tout dans leur sphère, qui donnent leur nom au siècle qui les vit régner et qu'un désir immense de faire le bien sollicite sans cesse.

Quand, pour la félicité des peuples, le ciel leur donne de tels souverains, il n'est pas de dessein magnanime qu'ils ne conçoivent ; il n'en est pas qui, par leur volonté aussi puissante que juste, ne puisse avoir une pleine et entière réussite.

L'ascendant de leur génie imprime à leurs établissements un caractère de force et de permanence qui les rend, pour ainsi dire, inaccessibles à l'inconstance des opinions et des passions humaines.

Tel est, Messieurs, le prince qui nous gouverne : sa vaillance lui a fait donner le titre de Grand ; sa bonté paternelle lui fera donner le titre de Bienfaisant. Il n'appartenait qu'à lui de fermer à jamais la plaie de dix-huit siècles de proscription et d'anathème faite aux malheureux enfants d'Israël.

Asservis depuis leur dispersion à une politique également fausse et incertaine, jouets des préjugés et des caprices du moment, on remarque avec surprise que parmi tant de princes qui ont régné dans les différents Etats, que parmi ceux mêmes qui ont paru animés du désir d'améliorer notre condition, nul n'ait conçu avec force et grandeur l'idée et les moyens d'arracher des hommes sobres, actifs, industrieux, à la nullité civile et politique dans laquelle ils étaient retenus. Toujours en dehors de la société, en but à la calomnie, victimes innocentes de l'injustice, se taire et souffrir, telle fut durant bien des siècles leur triste destinée.

Sa Majesté n'a pu voir avec indifférence cet état de choses. Au milieu des plus grands intérêts qui puissent absorber l'attention d'un mortel, notre régénération a été l'objet de ses pensées, et les nouvelles communications qui nous sont données l'attestent assez. Elle a su tirer le bien de la source même du mal ; elle a su trouver dans l'un des effets encore subsistants de l'ancienne législation concernant les Juifs du Nord, une occasion de faire la félicité des Israélites d'Occident. C'est la verge de Moïse qui fait jaillir l'eau vivifiante d'un rocher aride.

Arrêtons-nous un moment ici, et considérons que, d'après les principes du droit politique, tout culte religieux doit être soumis à l'autorité souveraine, autant du moins qu'il peut relever du pouvoir humain : d'abord, pour qu'il n'enseigne point des dogmes nuisibles et ne dégénère pas en superstitions abstraites, ensuite pour qu'il ne se divise pas en sectes différentes ; car si la nature des choses a voulu qu'il y eût plus d'une religion positive dans le même État, l'ordre public et la morale sociale veulent aussi que chacune de ces religions ne se subdivise point et n'enfante pas des sectes particulières, au grand détriment de la paix intérieure des Empires.

Pour prévenir ce danger, la raison et le plus grand intérêt de tous exigent que chaque religion positive présente au souverain une responsabilité et des moyens de surveillance : elle doit avoir, pour cet effet, des hommes destinés par état à en étudier les principes, à en prêcher la morale, à en conserver la pureté, à en être en quelque sorte les dépositaires et les gardiens ; et tel est le devoir imposé aux ministres de chaque culte.

Ces principes justifient et consacrent les premières communications qui nous ont été données.

D'abord, il s'agissait de savoir en quoi nos dogmes religieux s'accordaient ou différaient avec les lois de l'État ; si ces dogmes trop longtemps regardés comme insociables ou intolérants, étaient réellement l'un ou l'autre. Forts de notre conscience, des sentiments qui nous animent, des maximes que nous professons, nous nous sommes expliqués au sein de la capitale, et pour ainsi dire sous les yeux mêmes de sa Majesté, avec la même liberté d'opinion dont nous aurions usé au sein de nos foyers domestiques, et indépendamment de toute provocation de la part de l'autorité souveraine.

Ce n'était pas un hommage équivoque rendu à

l'illustre dépositaire de l'autorité que cet abandon, cette confiance sans bornes dans sa justice et ses hautes vertus. Enfin, il a acquis la certitude que le code religieux de Moïse ne contenait ni dans ses principes ni dans ses pratiques, rien qui pût justifier l'exclusion de ses sectateurs de la jouissance des droits civils et politiques des Français.

Mais Sa Majesté, pénétrée de ce grand principe qu'en matière de croyance religieuse la persuasion seule doit agir, a senti qu'il ne suffisait pas qu'elle fût satisfaite de nos réponses, qu'il fallait encore qu'elles fussent reçues, avouées par les synagogues de France et du royaume d'Italie, et qu'elles servissent de règle et d'exemple à toutes celles d'Occident. C'est en vertu de cette réserve prudente, de cette sage circonspection, dignes de nos éternelles bénédictions dans le prince le plus puissant de la Chrétienté, qu'il a déterminé, dans sa sagesse, la convocation du grand Sanhédrin dont il vient de nous être parlé, afin de donner aux décisions de cette Assemblée la sanction religieuse qu'elles doivent avoir.

Ainsi, le régulateur des destinées de l'Europe, le dispensateur des trônes, ce monarque partout respecté, respecte lui-même l'indépendance des opinions religieuses et l'asile sacré des consciences.

Ainsi s'élève, pour Sa Majesté impériale et royale,

un nouveau monument de gloire, plus durable que ceux de marbre ou d'airain. Son règne sera l'époque de la régénération de nos frères; l'Europe lui devra des millions de citoyens utiles, et, ce qui doit être bien doux pour le cœur de Sa Majesté, elle aura devant les yeux le spectacle des heureux qu'elle aura faits.

Les attributions plus importantes que Sa Majesté daigne nous donner, en nous imposant des devoirs plus difficiles à remplir, auraient de quoi nous effrayer, si vous ne nous promettiez, Messieurs les Commissaires, de nous aider du concours de vos lumières, afin de répondre dignement aux grandes vues de Sa Majesté.

Eloignés par notre situation passée, par la nature de nos occupations, des études relatives à des objets d'un ordre si relevé, nous n'y pouvons porter que les simples lumières du bon sens, des intentions pures et un zèle soutenu.

Mais ces dispositions ne suffisent pas; nous avons besoin de toute votre indulgence et nous la réclamons.

Après avoir prononcé ce discours, le président propose à l'Assemblée de prendre l'arrêté suivant, qui est adopté à l'unanimité et par acclamation.

L'Assemblée des représentants des Israélites de France et du royaume d'Italie, après avoir entendu les communications officielles qui viennent de lui être données par MM. les Commissaires de Sa Majesté Impériale et Royale ;

Considérant que Sa Majesté l'Empereur et Roi, en permettant la réunion d'un nombre déterminé de docteurs de la loi et de notables parmi les laïques en Grand Sanhédrin, a prévenu les vœux et pourvu au plus prompt besoin de tous ceux qui professent en Europe la religion de Moïse ; que sa bienveillance impériale se manifeste tous les jours d'une manière si positive et si éclatante en faveur de ses sujets Israélites qu'elle leur impose le devoir de concourir de tous leurs efforts à l'achèvement des grands desseins qu'elle a conçus pour le bonheur de tous leurs coreligionnaires d'Occident ;

Arrête que le bureau de l'Assemblée se retirera vers les Commissaires de Sa Majesté Impériale et Royale pour les supplier de porter au pied du trône l'hommage de sa profonde gratitude et de son entier dévouement ;

Qu'il sera adressé par l'Assemblée une proclamation à toutes les Synagogues de l'Empire français, du royaume d'Italie et de l'Europe, pour leur annoncer que, le 20 octobre, un grand Sanhédrin s'ouvrira à Paris sous la protection et par la permission expresse de Sa Majesté ;

Que MM. les Rabbins, membres de l'Assemblée, seront invités à faire partie de ce grand Sanhédrin ;

Que vingt cinq des députés membres de l'Assemblée, seront élus au scrutin secret, pour en faire également partie ;

Que Sa Majesté Impériale et Royale, sera humblement suppliée de vouloir bien donner les ordres nécessaires, afin que vingt-neuf rabbins choisis dans les Synagogues de son Empire et de son Royaume d'Italie, puissent se rendre à Paris pour y assister au grand Sanhédrin ;

Qu'il sera procédé dans le sein de l'Assemblée à l'élection d'un comité de neuf membres au scrutin secret, par trois scrutins de liste, lequel comité sera chargé de préparer, de concert avec MM. les Commissaires de S. M. l'Empereur et Roi, les matières qui seront soumises à la délibération du grand Sanhédrin ;

Que l'Assemblée ne se séparera pas que le grand Sanhédrin n'ait clos ses séances ; qu'elle prie MM. les Commissaires impériaux de transmettre à Sa Majesté Impériale et Royale le désir qu'elle éprouve de porter en corps à ses pieds l'hommage de son amour et de son respect.

§ VII

Le Comité des Neuf et l'Assemblée des Députés Juifs.

Pendant que Napoléon donne des ordres pour la convocation du Grand Sanhédrin, l'Assemblée des députés juifs ne reste pas inactive.

Conformément aux prescriptions du gouvernement, elle procède à l'élection des neuf membres de la Commission chargée de préparer, avec les Commissaires de l'Empereur, les matières devant faire le sujet des nouvelles discussions de l'Assemblée et des décisions du Grand Sanhédrin. Cette Commission est composée de MM. Segre, Cologna et Cracovia, membres italiens, Jacob Lazare, Moïse Lévy et Berr Isaac Berr, membres allemands, Furtado, Avigdor et Andrade, membres portugais.

Sa tâche est peu compliquée, ni bien difficile ; elle se borne à exécuter les ordres du maître.

De concert avec les Commissaires impériaux, elle fait pour le culte israélite ce qui a été fait pour les cultes catholique et protestant par les lois organiques du 18 germinal an X ; elle prépare un projet de règlement du culte mosaïque.

Ce règlement approuvé par l'Assemblée des députés juifs, le 10 décembre 1806, ne verra le jour que le 17 mars 1808 ; nous l'étudierons en son lieu et place ; mais, d'ores et déjà, on peut dire que Napoléon a fait main-mise sur le culte israélite.

En adressant ce projet de règlement à l'Assemblée, dans la séance du 9 décembre 1806, la Commission des Neuf présente à l'appui un rapport qui montre bien sa docile soumission aux ordres impériaux :

Votre Commission vient vous rendre compte du travail qu'elle a préparé avec MM. les Commissaires de sa Majesté impériale et royale pour être présenté à votre délibération. Ce travail consiste dans un règlement de notre culte; il est le résultat des renseignements fournis par votre Commission et des instructions données par Sa Majesté à

MM. les Commissaires chargés de toutes les affaires qui nous concernent.

Avant d'aller plus loin, c'est en même temps un devoir et un besoin pour les membres de votre Commission des Neuf, de vous faire connaître qu'ils ont trouvé dans les personnes à qui Sa Majesté a donné sa confiance, aménité, conseil, bienveillance, et un désir constant et sincère de nous seconder dans toutes les vues d'amélioration que nous leur avons proposées.

Si le culte mosaïque, ses dogmes, ses pratiques eussent été aussi parfaitement connus de l'autorité publique que ceux des autres religions positives, notre concours n'eût point été nécessaire dans ce travail.

Bien mieux instruite que nous-mêmes sur ce qui nous convient, cette autorité dirigée par le désir de notre amélioration, aurait statué sans avoir besoin de nous appeler à Paris. Le règlement dont nous venons de vous donner connaissance, rentre essentiellement dans les motifs qui ont déterminé notre convocation.

Déjà plus d'une fois, Messieurs, vous avez eu occasion de vous convaincre combien le gouvernement sous lequel nous avons le bonheur de vivre était éloigné d'alarmer les consciences, en portant la moindre atteinte à des opinions religieuses très anciennes, et en blessant en quoi que ce fût cette prédilection si puissante que les hommes ont, en général, pour les choses qu'ils révèrent depuis l'enfance. Ainsi, tout ce qui pouvait toucher à nos dogmes ou à nos usages religieux a été soigneusement écarté. Consultés sur tous les points qui se liaient à notre croyance, vous ne trouverez dans aucun des articles de ce règlement, la moindre disposition qui, directement ou indirectement, y porte la moindre atteinte.

Au contraire, vous vous apercevrez aisément que le culte mosaïque, sort pour la première fois, si nous pouvons nous servir de cette expression, de l'espèce d'incognito, où il a été depuis deux mille ans ; qu'il sort surtout de l'état de désorganisation presque totale où il était tombé depuis la Révolution ; qu'il acquiert une existence légale, que ses ministres sont avoués par l'autorité publique, leurs fonctions déterminées, leur salaire assuré et leur influence dirigée vers sa véritable destination.

Si le règlement dont nous vous rendons compte, conserve le culte mosaïque dans son intégrité, il ne conserve pas moins dans toute leur plénitude nos droits civils ou politiques ; il présente, dans son ensemble et dans chacun de ses moindres détails, la confirmation de ce que vous entendîtes dans la séance du 18 septembre dernier de la bouche de MM. les Commissaires de Sa Majesté :

« Elle vous assure, vous ont-ils dit, le libre exercice de votre religion et la pleine jouissance de vos droits politiques. Mais, en échange de l'auguste protection qu'elle vous accorde, elle exige une garantie religieuse des principes énoncés dans vos réponses.

Vous le savez, Messieurs, cette garantie résultera de la conversion de vos réponses en décisions doctrinales par le Grand Sanhédrin.

Dans le projet de règlement qui va vous être soumis, et qui, ainsi qu'il a déjà été dit, est le résultat des instructions données à MM. les Commissaires de Sa Majesté, et des vues de votre commission, tout est coordonné dans l'objet de présenter et d'assurer cette garantie.

Les instructions paternelles de Sa Majesté à cet égard annoncent ouvertement le dessein magnanime d'arracher enfin un peuple antique et célèbre à l'injuste abaissement où l'opinion le retenait : tout est disposé vers ce but philanthropique.

L'expérience du passé vous faisait redouter avec raison tout ce qui établissait des distinctions, soit d'opinion, soit de fait, entre vous et les autres Français ; vous aviez remarqué avec douleur que ces nuances sociales aggravaient l'effet de la différence des religions et contribuaient beaucoup à fortifier, à perpétuer notre isolement. Aujourd'hui, rien de semblable n'est à craindre ; comme sujets de l'Empire français et du royaume d'Italie, les lois des deux Etats ne contiennent à notre égard aucun genre d'exception ; comme sectateurs d'une religion particulière, l'autorité publique la place immédiatement sous sa main, et, par là, lui donne une existence légale ; comme objets de l'auguste protection du prince, sa bienveillance est un indice certain de celle que vous obtiendrez désormais de vos concitoyens. Il a daigné reconnaître lui-même et vous faire déclarer, par la bouche de ses commissaires, que vous n'aviez pas encore été traités avec justice. Est-il d'assurance plus sacrée de toutes celles que nous devons attendre d'un prince aussi magnanime ?

Quel est celui d'entre nous qui ne voit, qui ne sent tous les avantages de sa situation ; qui n'y puise une émulation féconde, un sentiment profond de dévouement pour la patrie et son illustre chef, en un mot, le désir ardent de justifier et de mériter de si grands bienfaits.

Il est un sûr moyen, c'est d'engager la jeunesse israélite à reprendre la noble profession des armes si glorieusement exercée par ses ancêtres, à mériter l'honneur d'avoir rang parmi les braves, en se consacrant particulièrement au service d'un souverain qui a des droits éternels à son dévouement le plus entier.

S'il est donc évident à tous les yeux que l'intention manifeste et bien prononcée de Sa Majesté Impériale et Royale est de rendre nos coreligionnaires à la dignité d'homme et de citoyen, si tout est encouragement, bienveillance, protection, dans le règlement que nous venons vous soumettre, nous croirions mal juger de votre sagesse que de douter un seul instant que vous ne l'adoptiez en son entier.

Dans sa séance du 15 décembre 1806, le Comité des Neuf fait encore adopter, par l'Assemblée des députés juifs, un projet d'arrêté pour faire suite au règlement organique du culte mosaïque. On sait que, par tous les moyens, Napoléon cherche à augmenter le nombre de ses soldats. Il est curieux de voir comment on lui assure le dévouement de la jeunesse israélite, en lui demandant, en passant, de concourir au salaire des rabbins.

L'Assemblée des représentants israélites de l'empire de France et du royaume d'Italie, après avoir entendu le rapport de son Comité des Neuf et adopté dans son entier le projet de règlement rédigé par ce Comité ;

Considérant que le terme de ses travaux n'est point éloigné et qu'il est de son devoir d'appeler l'attention de Sa Majesté sur plusieurs mesures qu'il croit propres à assurer la régénération de ses coreligionnaires, quoique ces mesures n'aient point dû, ni pu être comprises dans son projet de règlement ;

Considérant que, parmi ces mesures, il n'en est pas de plus importantes que celles qui tendraient à faire payer, par les Israélites à la patrie, le tribut des services que lui doivent tous ses enfants ;

Considérant enfin que c'est le devoir de tous les Israélites de l'Empire français et du royaume d'Italie, de verser leur sang dans les combats pour la cause de la France avec le même dévouement et cette même valeur que leurs ancêtres combattaient autrefois les nations ennemies de la Cité sainte, et de rechercher les occasions de se rendre dignes des bienfaits qu'un grand prince daigne en ce moment répandre sur eux ;

Arrête que MM. les Commissaires de Sa Majesté Impériale et Royale seront suppliés de porter au pied du trône l'expression de sa profonde et immortelle reconnaissance ;

Que Messieurs les Commissaires seront également suppliés de faire connaitre à Sa Majesté les vœux que forme humblement l'Assemblée pour que Sa Majesté mette le comble à ses bienfaits en consentant à concourir elle-même au salaire des rabbins, et en daignant charger les autorités locales de l'Empire de France et du royaume d'Italie de se concerter avec les Consistoires afin qu'ils achèvent de détruire, par leur intervention et leur zèle, l'éloignement que pourrait avoir la jeunesse israélite pour le noble métier des armes, et qu'ils parviennent ainsi à assurer la parfaite obéissance aux lois de la conscription.

Dans la séance du 5 février 1807, l'Assemblée entend la lecture de la rédaction des décisions doctrinales préparée par la Commission des Neuf, pour être soumise au Grand Sanhédrin. Après cette lecture, M. Avigdor, député des Alpes-Maritimes, et secrétaire de l'Assemblée, prononce un discours intéressant, tant par les explications qu'il donne des persécutions contre les Juifs que par le tribut d'éloges qu'il paye au clergé :

Après avoir célébré, comme il est d'usage, les louanges de Napoléon, du héros qui seul pouvait concevoir l'idée d'un Grand Sanhédrin, qui a entrepris de guérir les Juifs et de détruire dans le monde le préjugé qu'on a contre eux, l'orateur recherche, à travers les âges, l'origine de l'état d'abaissement et d'humiliation dans lequel le peuple juif a toujours été tenu. Il ne la trouve ni dans les lois, ni dans les mœurs, mais dans l'ignorance des premiers siècles, et la jalousie, vice de tous les temps. Pour le démontrer, il passe en revue les époques les plus marquantes de l'Histoire des Juifs, et examine les rapports de ce peuple avec les nations sous lesquelles il a vécu. Abraham, Moïse, Josué, les Grecs, les Romains, défilent tour à tour sous nos yeux. Il cite Saint-Anastase, Lactance, Saint-Bernard, et tous les papes. Il comprend les haines des païens attachés à leurs idoles, leurs dieux, et leurs demi-dieux ; mais il ne peut s'expliquer celles des Chrétiens, leurs compagnons de malheur sous les Empereurs romains, et avec lesquels ils ont une origine commune ; haines pour lui d'autant plus incompréhensibles, que les moralistes chrétiens ont toujours professé la tolérance et prêché la charité fraternelle.

Il termine enfin en proposant à l'Assemblée de voter un témoignage de gratitude envers le clergé chrétien pour tous ses bienfaits successifs dans les siècles passés en faveur des Israélites des divers États de l'Europe.

Cette motion était ainsi conçue :

Les députés de l'Empire de France et du royaume d'Italie réunis en synode hébraïque par décret du 30 mai dernier, pénétrés de gratitude pour les bienfaits successifs du clergé chrétien dans les siècles passés en faveur des Israélites des divers Etats de l'Europe ;

Pleins de reconnaissance pour l'accueil que divers pontifes et plusieurs autres ecclésiastiques ont fait aux Israélites de divers pays et dans différents temps, alors que la barbarie, les préjugés et l'ignorance réunis persécutaient et expulsaient les Juifs du sein des sociétés :

Arrêtent que l'expression de ces sentiments sera consignée dans le procès-verbal de ce jour, pour qu'elle demeure à jamais comme un témoignage authentique de la gratitude des Israélites de cette assemblée pour les bienfaits que les générations qui les ont précédés ont reçus des ecclésiastiques des divers pays de l'Europe ;

Arrêtent, en outre, que copie de ce procès-verbal sera envoyée à son Excellence le Ministre des cultes.

Cette déclaration causa à Portalis un étonnement bien naturel, qu'il exprima dans cette lettre à l'Empereur[1] :

12 février 1807.

Sire,

On rendra certainement compte à votre Majesté, d'une délibération qui vient d'être prise par l'Assemblée générale des Juifs que votre Majesté a convoquée à Paris. Cette Assemblée, qui renferme actuellement tous les membres dont le Grand Sanhédrin va se composer, a voulu, dans cette occasion solennelle, témoigner au Clergé catholique sa reconnaissance pour les services que la nation juive a reçus de ce clergé, contre les persécutions des princes et des peuples. Il est très piquant de voir que, dans un moment où M. Chénier, au nom de la prétendue philosophie, déclame indécemment dans l'Athénée contre l'intolérance et le fanatisme des prêtres catholiques, l'Assemblée des Juifs vienne déclarer hautement l'esprit de tolérance et de charité de l'Eglise catholique.

La motion n'a pas été faite par un rabbin, mais par un très riche négociant ; elle a été accueillie unanimement et par acclamation. L'Assemblée générale a observé que, depuis plus de mille ans,

1. Arch. nat. AF. IV, 300, dr 2150,

elle n'avait eu la liberté ni les moyens d'exprimer ses véritables sentiments, et que, convoqué par les ordres et sous les auspices de Votre Majesté, elle ne voulait pas laisser échapper un instant aussi marquant et aussi favorable pour bénir le clergé catholique, et lui rendre justice aux yeux de l'univers.

Ce discours du membre qui a fait la motion, est plein de faits intéressants ; il n'est certainement pas rédigé avec méthode, mais il fixera l'attention par sa singularité. L'Assemblée générale a délibéré l'impression de son arrêté.

Je suis, etc. PORTALIS.

Cette manifestation des Juifs ne pouvait être sincère. Elle était suggérée par le besoin qu'ils éprouvaient d'apaiser l'irritation du clergé catholique qui voyait avec dépit s'accomplir la régénération religieuse, civile et politique d'une secte qu'il regardait comme hérétique au premier chef. Les prêtres ne l'avaient pas moins que les rois, flétrie, pourchassée et spoliée. Les uns et les autres ne l'avaient accueillie que pour son argent, et l'avaient persécutée par fanatisme et pour s'enrichir de ses dépouilles. Les flatteries de la faiblesse ne détruisent pas les témoignages de l'histoire.

Dans ces différents discours prononcés par les députés juifs à l'Assemblée, discours que nous avons reproduits fidèlement ou que nous nous sommes bornés à analyser, ne semble-t-il pas étrange de voir, à chaque instant, revenir les grands mots de justice et de fraternité? Sans doute, cette Assemblée dont les membres ont été soigneusement choisis par les préfets de l'Empire à cause de leur honnêteté et aussi de leur enthousiasme pour le régime napoléonien ne peut être suspectée d'hypocrisie. Mais il ne faut pas l'oublier, ces députés constituent, en quelque sorte, l'élite morale et intellectuelle de la nation juive ; ils ne forment qu'une infime minorité parmi leurs coreligionnaires.

Quand ils se prétendent en but à la calomnie et se posent en victimes de l'injustice, ne sachant que se taire et souffrir, ils peuvent être sincères s'ils parlent pour eux-mêmes. Ils ignorent alors les excès commis par leurs frères, ou, plus vraisemblablement, ferment les yeux sur leur conduite et ne veulent pas entendre les réclamations sans cesse plus nombreuses qui s'élèvent contre leur secte aux quatre coins de l'Empire. Ils souffrent peut-être, et se taisent, pour la plupart, tout au moins. Mais il n'empêche que beaucoup de Juifs continuent d'exercer avec une impudence croissante leurs scandaleux trafics.

Les rapports des préfets de l'Empereur se succèdent, toujours remplis des protestations véhémentes des populations contre les pratiques usurières et mercantiles des Israélites. Les promesses du président Furtado sont admirables ; mais les actes ne répondent en aucune manière aux engagements pris ; les excès subsistent.

Les Juifs, d'après cet état de choses, ont-ils donc sérieusement des titres à la bienveillance impériale ? Alors qu'ils font tout pour attirer sur eux les malédictions du peuple et la colère de l'Empereur, ils implorent pitié et protection.

Ils parlent avec emphase de leur régénération ; mais, là encore, leur désir est plus apparent que réel. Ne voit-on pas l'Assemblée elle-même qui croit sincèrement aux bonnes dispositions de Napoléon à l'égard des Israélites, refuser de poursuivre ses travaux si l'Etat ne lui accorde pas une indemnité de résidence à Paris? Et pourtant, la conviction de l'Assemblée est entière à ce sujet, ces travaux n'ont qu'un but, l'amélioration sociale du peuple juif.

Quand il faut réunir le Sanhédrin, à la date primitivement fixée du 20 octobre, la plupart des rabbins convoqués ne veulent pas se rendre à l'appel de l'Empereur, prétextant que leur pauvreté leur interdit tout déplacement. Les préfets de l'Empire organisent des souscriptions en leur faveur, et la générosité des riches et tout puissants usuriers s'étale alors dans toute sa majesté: aucun d'eux ne veut souscrire. Et, ce fait est plus frappant encore, dans un certain nombre de communautés Juives, à Strasbourg, à Modène, les rabbins qui s'absentent pour assister aux travaux du Sanhédrin, sont privés de leurs émoluments ordinaires[1].

1. Arch. nat. s. secr. AF. IV. 1045. Rapport des commissaires.

L'Empereur, pour achever son œuvre, se voit dans la nécessité de frapper les Israélites d'une véritable contribution destinée à indemniser les rabbins qui ne peuvent venir à Paris et les membres qui ne veulent plus siéger.

En présence d'un tel élan de générosité, peut-on réellement croire que le désir de voir modifier leur état social soit si intense chez les Israélites ? Abandonnons nos droits, ne soyons plus citoyens, si l'on veut ; continuons d'exercer notre trafic, et surtout, gardons notre argent ; tels sont manifestement les sentiments du plus grand nombre.

Si l'Assemblée est sincère dans ses protestations de dévouement et ses revendications sociales, elle s'illusionne bien étrangement sur la noblesse d'idées et l'élévation de sentiments de ses coreligionnaires. Il en résulte qu'il est bien difficile, même pour un organisateur aussi merveilleusement doué que l'est Napoléon, de régénérer une secte si profondément attachée à ses anciens errements, et plaçant aussi effrontément le mensonge et l'opprobre au dessus de l'honneur et de la loyauté.

Quand on fait un reproche à Napoléon d'avoir fait bon marché de la dignité des Israélites, d'avoir déçu leurs espérances en faisant tout plier devant son inflexible volonté, et en édictant contre eux les décrets de 1808, n'est-il pas permis, en revanche, de considérer que ces décrets ont été inspirés par une malveillance entièrement justifiée ?

Sans doute, les Juifs ont été dupes de l'Empereur dont ils n'ont pas su deviner les projets, et qui ne s'est jamais laissé séduire ni par leurs promesses, ni par le tableau plus ou moins saisissant qu'on pouvait lui tracer de leur infortune à travers les siècles et dans le moment présent.

Les maux dont ils ont été l'unique cause, suivant Napoléon, ont fait naître en lui de fortes préventions contre eux, et une haine souvent mal dissimulée ; préventions qui, jointes à ses volontés dominatrices, expliquent suffisamment la ligne de conduite dont il ne s'est jamais départi, blâmable à coup sûr, mais qui mérite pourtant des circonstances atténuantes.

Il n'a jamais eu qu'un but, faire des lois d'exception contre les Juifs. Pour mieux l'atteindre, il agit de ruse ; quand il a obtenu d'eux tout ce qu'il désire, il n'hésite pas à prendre des mesures de rigueur contre eux.

Ce moyen peut paraître condamnable ; mais, en matière politique, la ruse n'a-t-elle pas toujours été considérée comme un des meilleurs instruments de succès ? Et les hommes qui ont acquis la plus grande renommée dans cette science, si toutefois l'on peut regarder la politique comme une science, n'ont-ils pas le plus souvent usé de ce système qui consiste à endormir pour mieux tromper ou à tromper pour mieux endormir ? Et l'on sait que « Napoléon s'est enivré de ce mauvais vin du machiavélisme[1]... »

1. Madame de Staël. *Révolution Française,* tome II, édit. 1818, p. 387.

§ VIII

Composition et Travaux du Grand Sanhédrin.

Pendant tout ce temps, les travaux de la guerre tiennent Napoléon éloigné de Paris; mais cela ne l'empêche pas de consacrer toute son attention à la réforme de la religion Juive. Instruit par des correspondants bien choisis, il apprécie tout, juge tout avec un coup-d'œil si sûr et si pénétrant qu'il semble être à la fois présent partout. On pourrait accuser cette vérité d'invraisemblance; et pourtant, à trois cents lieues de sa frontière, il dirige toute la politique, toute l'administration de son empire dans les moindres détails et sous toutes les formes, non seulement guerrières, diplomatiques et législatives, mais encore industrielles, littéraires, morales, philosophiques. Finances, justice, administration, tout fonctionne à Paris, comme si le maître était là, entouré de ses conseillers et de ses ministres; il se complaît à rendre lui-même des décrets sur des nominations d'huissiers datées des premières capitales de l'Europe.

Au milieu de l'agitation et du tumulte de son quartier général de Posen, en même temps qu'il s'occupe de donner un roi à Naples, une nouvelle organisation au royaume d'Italie, des conseils au roi de Hollande, qu'il assure dans l'intérieur de l'Empire le recrutement et la remonte de ses armées, il transmet ses instructions sur la question israélite à son ministre de l'intérieur. Il approuve la contribution dont les Juifs ont été frappés pour indemniser les députés et les rabbins, il recommande de convoquer dans le plus bref délai possible le Grand Sanhédrin, et s'efforce de limiter ce qui doit respectivement appartenir dans le plan de réforme au Grand Sanhédrin, à l'Assemblée générale des Juifs, et au Conseil d'État.

Voici d'ailleurs la lettre qu'il écrit à M. de Champagny, le 29 novembre 1806 :

Monsieur Champagny, j'approuve que vous rendiez exécutoire la contribution sur les Juifs des départements, pour indemniser les rabbins et membres de l'Assemblée de Paris. Moyennant cette indemnité, mon intention est qu'ils restent à Paris et que le Sanhédrin soit convoqué dans le plus court délai.

Quant au projet d'organisation de la nation juive, il faut que le Sanhédrin soit rassemblé. Convoquez-le pour une époque telle que je puisse lui envoyer tout ce qui doit y être réglé.

Il faut ôter des lois de Moïse tout ce qui est intolérant, déclarer une portion de ces lois, lois civiles, et ne laisser de religieux que ce qui est relatif à la morale et au devoir des citoyens français.

Note relative au Sanhédrin.

§ Ier. — Pour marcher d'une manière régulière, il faudrait commencer par déclarer qu'il y a dans les lois de Moïse des dispositions religieuses et des dispositions politiques; que les dispositions religieuses sont immuables, mais qu'il n'en est pas de même des dispositions politiques qui sont susceptibles de modifications; que c'est le Grand Sanhédrin qui seul peut établir cette distinction; que pendant tout le temps que les Juifs sont restés dans la Palestine et formaient corps de nation, les circonstances politiques étant les mêmes que du temps de Moïse, les grands Sanhédrins n'ont point été dans le cas de faire cette distinction; que depuis que les Israélites ont quitté leur patrie, il n'y a plus eu de Grand Sanhédrin.

Après la déclaration de ces principes viendra l'application.

1° La polygamie était permise ; elle doit cesser de l'être aux Juifs qui sont répandus dans l'Occident, tandis qu'elle peut l'être encore à ceux de l'Orient, en considération de la situation particulière où ils se trouvent.

2° Selon la loi de Moïse, les Juifs ne regardaient comme leurs frères que ceux qui professaient la même religion. Cela devait être lorsque le peuple juif était environné de peuples idolâtres qui avaient juré une haine commune aux enfants d'Israël ; cela peut cesser d'être quand cette situation a changé, et c'est ce que le Grand Sanhédrin établira en décidant qu'on doit regarder comme frères tous les hommes, quelque religion qu'ils professent, s'ils ne sont pas des idolâtres, et si les Israélites jouissent au milieu d'eux des mêmes droits qu'eux-mêmes.

3° Cette fraternité étant établie, il doit en résulter l'obligation de défendre le pays où les Israélites jouissent des mêmes droits que les autres citoyens, de même que selon la loi de Moïse, ils doivent défendre le temple de Jérusalem : le Sanhédrin doit en faire une loi positive.

4° De la doctrine qui établira que les Juifs doivent considérer les Chrétiens comme frères, il resultera non seulement que les mariages entre Juifs et Chrétiens ne sont point anathèmes, mais la nécessité de les recommander, parce qu'ils importent au salut de la nation.

5° et 6° La répudiation et le mariage doivent être assujettis à l'observation préalable des formalités prescrites par le Code Napoléon.

7° et 8° Les explications sur le prêt à intérêt à peu près telles qu'elles sont établies dans le projet dérivent également de la fraternité reconnue.

9° Les professions utiles.

Ajoutez aux dispositions de la solution proposée une invitation à devenir propriétaires.

10° Enfin une obligation de la propriété.

Toutes ces décisions appartiennent au Grand Sanhédrin ; et c'est seulement de cette partie dogmatique que le travail prescrit par le Ministre fait mention.

§ II. Des dispositions d'organisation et de discipline doivent aussi être prises, et elles paraissent appartenir à l'Assemblée générale.

Ainsi, l'Assemblée générale déterminera :

1° L'organisation du Sanhédrin ou de Consistoires administratifs par arrondissement et par département, et celle d'un Consistoire ou Sanhédrin central, et les attributions de ces institutions qui doivent exercer une police sévère sur les rabbins.

2° Le nombre des rabbins, la manière dont ils seront payés, leurs obligations et leurs attributions.

3° Les conditions nécessaires pour être autorisé à faire le commerce et la manière dont cette autorisation sera donnée sous l'approbation de l'autorité locale.

4° La prohibition de toute espèce de commerce, du droit de tirer des lettres de change, de l'exercice du brocantage, de la faculté d'avoir boutique à tout individu qui ne sera pas pourvu de l'autorisation ci-dessus ;

5° La prohibition, pendant dix ans, à tous les Israélites, qui ne prouveraient pas qu'ils possèdent en France des biens fonds, de la faculté de prêter sur hypothèque, et l'autorisation aux propriétaires de fonds, en limitant la faculté de prendre hypothèque à une somme égale à la valeur du fonds qu'ils possèdent ;

6° L'obligation dans chaque département ou arrondissement de Sanhédrin ou consistoire de n'autoriser sur trois mariages que deux mariages entre Juifs et Juives, et un mariage mi-partie entre Juif et Chrétien ; si cette disposition paraît d'une exécution trop difficile, il faut prendre des mesures d'invitation, d'instruction, d'encouragement, de commandement qui puissent conduire à ce but ;

7° L'obligation de fournir une quantité de conscrits, proportionnée à la population Israélite, sans qu'il ne puisse y avoir de remplacement d'un Israélite que par un Israélite.

D'autres dispositions pourraient être prescrites, mais elles viendront ensuite.

§ III. — Parmi celles établies ci-dessus, il en est plusieurs qui sont non seulement de discipline, mais encore de législation et pour lesquelles le concours du Conseil d'État est nécessaire. Ainsi le grand Sanhédrin expliquerait les dispositions politiques de la loi de Moïse, prescrit comme dogmes les objets qui se trouvent dans son ressort. L'Assemblée générale des Israélites faisant une sorte de convention avec l'administration et en considération des avantages que la Révolution a accordés aux Juifs, prescrirait les dispositions d'organisation et de discipline. Enfin, le Conseil d'Etat ferait les règlements nécessaires pour l'exécution des dispositions et des prohibitions indiquées ci-dessus.

Il y a dans tout ceci un mélange de dogmes de discipline, de législation d'où résulte la nécessité d'un grand Sanhédrin, d'une Assemblée générale des Israélites et d'un concours mutuel de l'autorité publique.

Il faut beaucoup de réflexion et de discernement pour distinguer d'une manière précise ce qui doit appartenir dans ce plan au grand Sanhédrin, à l'Assemblée générale et au Conseil d'État.

Si un sénatus-consulte était nécessaire, on n'y verrait pas de difficulté, mais il ne serait pas possible de procéder au moyen d'une loi, attendu qu'il s'agit d'arriver par des dispositions civiles à des dispositions politiques.

§ IV. — Le principal but qu'on s'est proposé a été de protéger le peuple Juif, de venir au secours des campagnes et d'arracher plusieurs départements à l'opprobre de se trouver vassaux des Juifs ; car c'est un véritable vasselage que l'hypothèque d'une grande partie des terres d'un département à un peuple qui par ses mœurs et par ses lois formait une nation particulière dans la nation française. C'est ainsi que dans un temps fort rapproché de nous, la mainmorte menaçant de s'emparer du territoire, on fut obligé d'opposer des obstacles à ses progrès. De même la suzeraineté des Juifs s'étendant sans cesse au moyen de l'usure et des hypothèques il devient indispensable d'y mettre des bornes. Le deuxième est d'atténuer sinon de détruire, la tendance du peuple Juif à un si grand nombre de pratiques contraires à la civilisation et au bon ordre de la société dans tous les pays du monde.

Il faut arrêter le mal en l'empêchant ; il faut l'empêcher en changeant les Juifs.

L'ensemble des mesures proposées doit conduire à ces deux résultats. Lorsque sur trois mariages, il y en aura un entre Juif et Français, le sang des Juifs cessera d'avoir un caractère particulier.

Lorsqu'on les empêchera de se livrer exclusivement à l'usure et au brocantage, ils s'accoutumeront à exercer des métiers ; la tendance à l'usure disparaîtra.

Lorsqu'on exigera qu'une partie de la jeunesse aille dans les armées, ils prendront des intérêts et des sentiments français.

Lorsqu'on les soumettra aux lois civiles, il ne leur restera plus, comme Juifs, que des dogmes, et ils sortiront de cet état où la religion est la seule loi civile, ainsi que cela existe chez les musulmans, et que cela a toujours été dans l'enfance des nations. C'est en vain qu'on dirait qu'ils ne sont avilis que parce qu'ils sont vexés : en Pologne, où ils sont nécessaires pour remplacer la classe intermédiaire de la société, où ils sont considérés et puissants, ils n'en sont pas moins vils, malpropres et portés à toutes les pratiques de la plus basse improbité.

Les spéculateurs proposeraient sans doute de se borner à introduire des améliorations dans leur législation ; mais cela serait insuffisant. Le bien se fait lentement, et une masse de sang vicié ne s'améliore qu'avec le temps. Cependant les peuples souffrent ; ils crient et l'intention de sa Majesté est de venir à leur secours.

Il faut user concurremment de deux moyens, dont l'un est d'arrêter l'incendie et l'autre de l'éteindre.

De là la nécessité d'employer en même temps le Grand Sanhédrin, l'Assemblée générale des Juifs et les dispositions réglementaires délibérées par le Conseil d'Etat.

Le Grand Sanhédrin a pour lui les vœux et l'opinion de tout ce qu'il y a d'éclairé parmi les Juifs de l'Europe. Avec cet appui, il est le maître de supprimer de la législation de Moïse les lois qui sont atroces, et celles qui n'appartiennent qu'à la situation des Juifs dans la Palestine.

NAPOLÉON.

Nous avons vu que dans la séance du 5 février 1807, la Commission des Neuf soumit à l'Assemblée des Députés juifs la rédaction des décisions doctrinales : le Grand Sanhédrin allait être appelé à sanctionner cette œuvre qui, mûrie par les Commissaires de l'Empereur, devait déjà refléter ses volontés.

Le 4 février, les membres de la Commission des Neuf s'étaient réunis chez Molé avec les commissaires impériaux pour procéder à la vérification des pouvoirs des membres du Grand Sanhédrin. Le Ministre de l'Intérieur avait nommé chef (nassy) le rabbin Sintzheim, de Strasbourg, premier assesseur (ab bet din) le rabbin Sègre de Verceil ; second assesseur (chacham) le rabbin Cologna de Mantoue, et scribes MM. Blotz et Jonas Valabrega. Furtado et Cracovia furent élus rapporteurs.

Le Grand Sanhédrin se trouva ainsi composé :

MEMBRES RABBINS :

	Noms des Départements
Foa Ventura.	Adriatique.
Finzi Isaac Raphaël.	Brenta.
Sintzheim David.	Bas-Rhin.
Spire Elie.	Seine.
Mayer Jacob.	Bas-Rhin.
Seligman Moïse.	Mont-Tonnerre.
Kaustad Moïse.	Mont-Tonnerre.
Ourly-Levy Jacob.	Bas-Rhin.
Volf Eger.	Meurthe.
Samuel Isaac.	Bas-Rhin.
Delvecchio Salomon.	Reno.

	Noms des Départements
Guntzbourg David.	Haut-Rhin.
Modena Bonaventura.	Panaro.
Seligman de Durmenach.	Haut-Rhin.
Cracovia Jacob.	Adriatique.
Seligman de Paris.	Seine.
Hirsch Lazare.	Bas-Rhin.
Andrade Abraham.	Landes.
Aaron Moïse.	Haut-Rhin.
Lévy Samuel Wolf.	Mont-Tonnerre.
Block Judas.	Haut-Rhin.
Ariani Prosper Moïse.	Mincio.
Worms Aaron.	Moselle.
Sègre.	Sesia.
Gugenheim Barruch.	Meurthe.
Jaquia Todros.	Pô.
Calman.	Haut-Rhin.
Nathan Salomon.	Mont-Tonnerre.
Wolf Lazare.	Bas-Rhin.
Cologna Abraham.	Mincio.
Cohen Mardochée.	Meuse.
Rocca Martino Joseph.	Gard.
Liberman Samson.	Bas-Rhin.
Milhau Moïse.	Vaucluse.
Rocca Martino Mardochée.	Gard.
Zamorani Bondi.	Bas-Pô.
Samuel Abraham.	Bas-Rhin.
Neppy Graccia Dio.	Bas-Pô.

	Noms des Départements
Lion Samuel.	Mont-Tonnerre.
Deutz Emmanuel.	Rhin et Moselle.
Muscat Abraham.	Gard.
Lullis Elie Aaron.	Stura.
Carmi Jacob.	Crosfolo.
Brunswick Jacob.	Haut-Rhin.
Lévi Samuel Marx.	Sarre.
Montel Abraham fils.	Gard.

MEMBRES LAÏQUES :

Crémieux Saül.	Seine.
Latis Aaron.	Adriatique.
Funot Benoit.	Mincio.
Berr-Isaac Berr.	Meurthe.
Cahen Abraham.	Bas-Rhin.
Cohen Israël.	Adige.
Constantini.	Bouches-du-Rhône.
Levi David.	Pô.
Schmoll Aaron.	Seine.
Formigini Moïse.	Olona.
Friedberg Aaron.	Mont-Tonnerre.
Lyon Marx.	Rhin et Moselle.
Foy Marc.	Basses-Pyrénées.
Mayer Nathan.	Sarre.
Furtado Abraham.	Gironde.
Worms Olry Hayem.	Seine.
Wilersheim Samuel.	Bas-Rhin.

	Noms des Départements
Cerf-Berr Baruch.	Bas-Rhin.
Cerf-Berr Lipman.	Haut-Rhin.
Rodrigues Isaac.	Gironde.
Cerf-Berr Théodore.	Seine.
Goudchaux Cerf Jacob.	Moselle.
Rodrigues fils (J.).	Seine.
Lorsch (C. L.)	Mont-Tonnerre.
Avigdor (J. L.).	Alpes-Maritimes.

SUPPLÉANTS RABBINS :

Prague Mendel.	Seine.
Monbach Moïse.	Seine.
Milhau Bessalhel.	Gard.

SUPPLÉANTS LAÏQUES :

Ottolenghi.	Montenotte.
Ghidiglia.	Pô.
Vita Emilio.	Marengo.
Dreyfus (J.)	Bas-Rhin.
Hirsch Jérémie.	Sarre.
Levi Félix.	Reno.
Berr Michel (scribe rédacteur).	Seine.

Le grand Sanhédrin se trouve donc en définitive composé de soixante-onze membres, alors que le chiffre primitivement fixé était de soixante-quinze. Il tient sa première séance le 9 février 1807, à l'Hôtel de Ville, dans l'ancienne chapelle Saint-Jean, pour cette fois, dépouillée de tout ornement religieux. Suivant l'usage antique, la salle est disposée en demi-cercle ; les rabbins se placent au premier plan, les laïques derrière. Le chef a revêtu pour la solennité une simarre de velours noir, avec un large rabbat et un bonnet de velours à deux cornes, garni de fourrures ; les rabbins ont un petit manteau et le rabbat ; tous ont l'épée, sauf les députés laïques.

Les débats sont publics et les étrangers qui assistent à cette première séance sont édifiés par l'austérité de la tenue de ce concile hébraïque[1].

Avigdor, membre de la Commission des Neuf, donne lecture du procès-verbal de la vérification des pouvoirs et d'un discours d'ouverture écrit par le chef Sintzheim ; et les débats commencent.

Pendant que le grand Sanhédrin délibère, M. de Champagny tient Napoléon au courant de la manière dont il dirige les discussions ;

1. Arch. nat. s. secr. AF. IV. 300, dr 2151.

la politique du ministre vis à vis des Juifs consiste à ne pas leur dévoiler son plan : il ne veut pas effaroucher les rabbins attachés à leurs anciennes pratiques.

Paris, le 17 janvier 1807.

Sire,

J'ai reçu les notes relatives aux Juifs que votre Majesté a dictées avant de partir de Varsovie ; votre Majesté n'a trouvé dans mon travail sur cette matière que la partie dogmatique qu'elle a bien voulu éclairer de ses lumières. Un règlement très étendu renfermait sous la forme d'une délibération de l'Assemblée hébraïque le projet des changements à introduire dans l'organisation politique religieuse et civile de cette classe d'hommes. Cette pièce s'est apparemment perdue puisqu'elle n'a point été vue par Sa Majesté ; j'en joins un exemplaire à cette lettre.

En le parcourant, Votre Majesté verra qu'en nous conformant à ses premières pensées, nous nous sommes assez heureusement rapprochés de celles qu'elle vient de me communiquer. Cependant celles-ci ont plus d'étendue ; elles embrassent des objets dont nous ne nous étions pas occupés ; elles nécessitent un travail difficile et délicat, auquel j'apporterai tous mes soins.

Pour accomplir les vues de votre Majesté, le concours du grand Sanhédrin, de l'Assemblée des députés Juifs et de l'autorité publique est absolument nécessaire. Je tâcherai de faire la part de chacun ; mais ces trois pouvoirs ne doivent être mis que successivement en action. Actuellement, je vais hâter les décisions religieuses demandées au grand Sanhédrin, et je ne lui ferai pas entrevoir toute l'étendue des vues de Sa Majesté, qui pourrait effaroucher quelques rabbins trop servilement attachés à leurs anciennes pratiques. Je précipiterai ainsi la fin de cette Assemblée dont il est difficile de soutenir l'existence, et par la nécessité de la tenir toujours au complet, et par la misère du plus grand nombre de ses membres qui ne réunissent que de faibles secours de leurs co-religionnaires, et qui, chaque jour, me demandent de les nourrir ou de les renvoyer dans leurs foyers. Lorsque toutes les décisions religieuses réclamées par Votre Majesté seront obtenues, je laisserai partir ces rabbins indigents et tous ceux que leurs affaires appellent chez eux, en ne retenant pour composer l'Assemblée générale que des hommes sur les dispositions desquels on peut compter.

Je ferai alors proposer à cette Assemblée toutes les décisions politiques et civiles qui peuvent être de sa compétence, et je tâcherai d'obtenir d'elle d'inviter l'autorité publique à prescrire et à faire exéculer ce qu'elle ne pourrait tout au plus que conseiller.

Alors, Sire, en m'appuyant sur cette invitation, je présenterai à Votre Majesté, dans un projet de décret, toutes les dispositions qui ne peuvent émaner que de son autorité, projet qu'elle renverra probablement au Conseil d'Etat après l'avoir examiné et corrigé.

Telle est, Sire, la marche que je compte suivre pour l'exécution des vues de Votre Majesté. Il en est contre lesquelles tous les préjugés religieux et les préventions de l'opinion seront mises en jeu : par exemple l'obligation d'un mariage entre Juifs. et Chrétiens pour deux mariages entre Juifs. Juifs et Chrétiens répugnent également à s'unir, et la loi peut difficilement ordonner de pareilles unions. De toutes les vues de Votre Majesté, c'est celle qui me paraît le plus difficile à exécuter dans toute sa rigueur. Je ne négligerai aucun moyen pour arriver au but qu'elle m'a indiqué, et je serai parfaitement secondé par mes commissaires.

Je suis, etc. CHAMPAGNY.

Comme on le voit, le Ministre de l'Intérieur a hâte de renvoyer dans leurs foyers les rabbins indigents qui composent le Grand Sanhédrin et de dissoudre cette Assemblée.

Il est fait selon ses vues, et les délibérations sont menées rapidement. En huit séances, le Grand Sanhédrin convertit en décisions doctrinales les réponses de l'Assemblée des députés juifs préparées à nouveau par la Commission des Neuf selon les idées de Napoléon. Le 9 mars 1807, il tient sa dernière séance, et M. Furtado donne lecture d'une lettre des commissaires impériaux ordonnant à l'Assemblée de clore ses délibérations.

Les décisions doctrinales du Sanhédrin se rapportent à la polygamie, la répudiation, au mariage, à la fraternité, aux rapports civils et politiques, aux professions utiles, au prêt entre Israélites, au prêt entre Juifs et non Juifs. Elles sont précédées d'un préambule.

Décisions doctrinales du Grand Sanhédrin qui s'est tenu à Paris dans les mois de Février et Mars 1807.

PRÉAMBULE.

Béni soit à jamais, le Seigneur, Dieu d'Israël, qui a placé sur le trône de France et du Royaume d'Italie, un prince selon son cœur.

Dieu a vu l'abaissement des descendants de

l'antique Jacob, et il a choisi Napoléon le Grand pour être l'instrument de sa miséricorde.

Le Seigneur juge les pensées, lui seul commande aux consciences, et son oint chéri a permis que chacun adorât le Seigneur selon sa croyance et sa foi.

A l'ombre de son nom, la sécurité est entrée dans nos cœurs et dans nos demeures ; et nous pouvons désormais bâtir, ensemencer, moissonner, cultiver les sciences humaines, appartenir à la grande famille de l'Etat, le servir, et nous glorifier de ses nobles destinées.

Sa haute sagesse a permis que cette assemblée célèbre dans nos annales, et dont l'expérience et la vertu dictaient les décisions, reparût après quinze siècles et concourût à ses bienfaits sur Israël.

Réunis aujourd'hui sous sa puissante protection dans sa bonne ville de Paris, au nombre de soixante-onze docteurs de la loi et notables d'Israël, nous nous constituons en Grand Sanhédrin, afin de trouver en nous le moyen et la force de rendre des ordonnances religieuses conformes au principe de nos saintes lois, et qui servent de règle et d'exemple à tous les Israélites.

Ces ordonnances apprendront aux nations que nos dogmes se concilient avec les lois civiles sous lesquelles nous vivons, et ne nous séparent point de la société des hommes.

En conséquence, déclarons : que la loi divine, ce précieux héritage de nos ancêtres, contient des dispositions religieuses et des dispositions politiques.

Que les dispositions religieuses sont, par leur nature, absolues et indépendantes des circonstances et des temps ;

Qu'il n'en est pas de même des dispositions politiques, c'est-à-dire de celles qui constituent le gouvernement, et qui étaient destinées à régir le peuple d'Israël dans la Palestine lorsqu'il avait ses rois, ses pontifes et ses magistrats ;

Que ces dispositions politiques ne sauraient être applicables depuis qu'il ne forme plus un corps de nation ;

Qu'en consacrant cette distinction déjà établie par la tradition, le Grand Sanhédrin déclare un fait incontestable ;

Qu'une assemblée des docteurs de la loi, réunie en Grand Sanhédrin, pouvait seule déterminer les conséquences qui en dérivent ;

Que si les anciens Sanhédrins ne l'ont pas fait, c'est que les circonstances politiques ne l'exigeaient point, et que, depuis l'entière dispersion d'Israël, aucun Sanhédrin n'avait été réuni avant celui-ci.

Engagés dans ce pieux dessein, nous invoquons la lumière divine de laquelle émanent tous les biens, et nous nous reconnaissons obligés de concourir, autant qu'il dépendra de nous, à l'achèvement de la régénération morale d'Israël.

Ainsi, en vertu du droit que nous confèrent nos usages et nos lois sacrées, et qui détermine que dans l'assemblée des docteurs du siècle réside essentiellement la faculté de statuer, selon l'urgence du cas, ce qui requiert l'observance des dites lois, soit écrites, soit traditionnelles, nous procèderons dans l'objet de prescrire religieusement l'obéissance aux lois de l'État en matière civile et politique.

Pénétrés de cette sainte maxime, que la crainte de Dieu est le principe de toute sagesse, nous élevons nos regards vers le ciel, nous étendons nos mains vers son sanctuaire, et nous l'implorons pour qu'il daigne nous éclairer de sa lumière, nous diriger dans le sentier de la vertu et de la vérité, afin que nous puissions conduire nos frères pour leur félicité et celle de leurs descendants.

Partant, nous enjoignons, au nom du Seigneur notre Dieu, à tous nos coreligionnaires des deux sexes, d'observer fidèlement nos déclarations, statuts et ordonnances, regardant d'avance ceux de France et d'Italie qui les violeront ou en négligeront l'observation, comme péchant notoirement contre la volonté du Seigneur, Dieu d'Israël.

Et sit splendor Domini Dei nostri super nos et

opera manuum nostrarum dirige super nos; et opus manuum nostrarum dirige.

Décisions Doctrinales.

Polygamie

Art. 1er. — Le Grand Sanhédrin, légalement assemblé ce jour 9 février 1807, et en vertu des pouvoirs qui lui sont inhérents, examinant s'il est licite aux Hébreux d'épouser plus d'une femme, et pénétré du principe généralement consacré dans Israël, que la soumission aux lois de l'Etat en matière civile et politique est un devoir religieux ;

Reconnait et déclare que la polygamie permise par la loi de Moïse n'est qu'une simple faculté, que nos docteurs l'ont subordonnée à la condition d'avoir une fortune suffisante pour subvenir aux besoins de plus d'une épouse ;

Que dès les premiers temps de notre dispersion, les Israélites répandus dans l'Occident, pénétrés de la nécessité de mettre leurs usages en harmonie avec les lois civiles des Etats dans lesquels ils s'étaient établis, avaient généralement renoncé à la polygamie comme à une pratique non conforme aux mœurs des nations ;

Que ce fut aussi pour rendre hommage à ce principe de conformité en matière civile, que le Synode convoqué à Worms, en l'an 4970 de notre ère et présidé par le rabbin Guerson, avait prononcé anathème contre tout Israélite de leur pays qui épouserait plus d'une femme ;

Que cet usage s'est entièrement perdu en France, en Italie et dans presque tous les Etats du continent européen, où il est extrêmement rare de trouver un Israélite qui ose enfreindre les lois des nations contre la polygamie ;

En conséquence, le Grand Sanhédrin, pesant, dans sa sagesse, combien il importe de maintenir l'usage adopté par les Israélites répandus dans l'Europe, et pour confirmer en tant que de besoin ladite décision du Synode de Worms, statue et ordonne comme précepte religieux :

Qu'il est défendu à tous les Israélites de tous les Etats où la polygamie est prohibée par les lois civiles, et en particulier à ceux de l'Empire de France et du royaume d'Italie, d'épouser une seconde femme du vivant de la première, à moins qu'un divorce avec celle-ci, prononcé conformément aux dispositions du Code civil, et suivi du divorce religieux, ne les ait affranchis des liens du mariage.

Répudiation.

Art. 2. — Le Grand Sanhédrin ayant considéré combien il importe aujourd'hui d'établir des rapports d'harmonie entre les usages des Hébreux relativement au mariage, et le Code civil de France et du royaume d'Italie sur le même sujet, et considérant qu'il est de principe religieux de se soumettre aux lois civiles de l'Etat, reconnaît et déclare :

Que la répudiation, permise par la loi de Moïse, n'est valable qu'autant qu'elle opère la dissolution absolue de tous les liens entre les conjoints, même sous le rapport civil ;

Que d'après les dispositions du Code civil, qui régit les Israélites comme Français et Italiens, le divorce n'étant consommé qu'après que les tribunaux l'ont ainsi décidé par un jugement définitif, il suit que la répudiation mosaïque n'aurait pas le plein et entier effet qu'elle doit avoir, puisque l'un des conjoints pourrait se prévaloir contre l'autre du défaut de l'intervention de l'autorité civile dans la dissolution du lien conjugal ;

C'est pourquoi, en vertu du pouvoir dont il est revêtu, le Grand Sanhédrin statue et ordonne, comme point religieux : que dorénavant nulle répudiation ou divorce ne pourra être fait selon les formes établies par la loi de Moïse, qu'après que le mariage aura été déclaré dissous par les tribunaux compétents, et selon les formes voulues par le Code civil.

En conséquence, il est expressément défendu à tout rabbin dans les deux États de France et du royaume d'Italie, et dans tous autres lieux, de prêter son ministère dans aucun acte de répudiation ou de divorce, sans que le jugement civil qui le prononce lui ait été exhibé en bonne forme, déclarant que tout rabbin qui se permettrait d'enfreindre le présent statut religieux sera regardé comme indigne d'en exercer à l'avenir les fonctions.

Mariage.

Art. 3. — Le Grand Sanhédrin, considérant que, dans l'Empire français et le royaume d'Italie, aucun mariage n'est valable qu'autant qu'il est précédé d'un contrat civil devant l'officier public;

En vertu du pouvoir qui lui est dévolu, statue et ordonne: qu'il est d'obligation religieuse pour tout Israélite français et du royaume d'Italie, de regarder désormais, dans les deux États, les mariages civilement contractés comme emportant l'obligation civile;

Défend en conséquence à tout rabbin ou autre personne, dans les deux États, de prêter leur ministère de l'acte religieux du mariage, sans qu'il leur ait apparu auparavant de l'acte des conjoints devant l'officier civil, conformément à la loi.

Le Grand Sanhédrin déclare, en outre, que les mariages entre Israélites et Chrétiens, contractés conformément aux lois du Code civil sont obligatoires et valables civilement, et que, bien qu'ils ne soient pas susceptibles d'être revêtus des formes religieuses, ils n'entraîneront aucun anathème.

Fraternité.

Art. 4. — Le Grand Sanhédrin, ayant considéré que l'opinion des nations parmi lesquelles les Israélites ont fixé leurs résidences depuis plusieurs générations, les laissait dans le doute sur les sentiments de fraternité et de sociabilité qui les animent à leur égard, de telle sorte que, ni en France, ni dans le royaume d'Italie, l'on ne paraissait point fixé sur la question de savoir si les Israélites de ces deux États regardaient leurs concitoyens chrétiens comme frères, ou seulement comme étrangers.

Afin de dissiper tous les doutes à ce sujet, le Grand Sanhédrin déclare :

Qu'en vertu de la loi donnée par Moïse aux enfants d'Israël, ceux-ci sont obligés de regarder comme leurs frères les individus des nations qui reconnaissent Dieu créateur du ciel et de la terre, et parmi lesquels ils jouissent des avantages de la société civile, ou seulement d'une bienveillante hospitalité ;

Que la Sainte Écriture nous ordonne d'aimer notre semblable comme nous-mêmes, et que, reconnaissant comme conforme à la volonté de Dieu, qui est la justice même, de ne faire à autrui que ce que nous voudrions qui nous fût fait, il serait contraire à ces maximes sacrées de ne point regarder nos concitoyens, français et italiens, comme nos frères;

Que, d'après cette doctrine universellement reçue, et par les docteurs qui ont le plus d'autorité dans Israël, et par tout Israélite qui n'ignore point sa religion, il est du devoir de tous d'aider, de protéger, d'aimer leurs concitoyens, et de les traiter sous tous les rapports civils et moraux, à l'égal de leurs coreligionnaires.

Que, puisque la religion mosaïque ordonne aux Israélites d'accueillir avec tant de charité et d'égards les étrangers qui allaient résider dans leurs villes, à plus forte raison leur commande-t-elle les mêmes sentiments envers les individus des nations qui les ont accueillis dans leur sein, qui les protègent par leurs lois, les défendent par leurs armes, leur permettent d'adorer l'Éternel selon leur culte, et les admettent, comme en France et dans le royaume d'Italie, à la participation de tous les droits civils et politiques.

D'après ces diverses considérations, le Grand Sanhédrin ordonne à tout Israélite de l'Empire français, du royaume d'Italie et de tous autres lieux, de vivre avec les sujets de chacun des États dans lesquels ils habitent, comme avec leurs concitoyens et leurs frères, puisqu'ils reconnaissent Dieu créateur du ciel et de la terre, parce que ainsi le veut la lettre et l'esprit de notre sainte loi.

Rapports moraux.

Art. 5. — Le Grand Sanhédrin, voulant déterminer quels sont les rapports que la loi de Moïse prescrit aux Hébreux envers les individus des nations parmi lesquels ils habitent, et qui, professant une autre religion, connaissent Dieu créateur du ciel et de la terre;

Déclare que tout individu professant la religion de Moïse, qui ne pratique point la justice et la charité envers tous les hommes adorant l'Éternel, indépendamment de leur croyance particulière, pèche notoirement contre sa loi;

Qu'à l'égard de la Justice, tout ce que prohibe l'Écriture Sainte comme lui étant contraire, est absolu et sans acception de personnes; que le Décalogue et les Livres sacrés qui renferment les commandements de Dieu à cet égard, n'établissent aucune relation particulière, et n'indiquent ni qualité, ni condition, ni religion auxquelles ils s'appliquent exclusivement, en sorte qu'ils sont communs aux rapports des Hébreux avec tous les hommes en général, et que tout Israélite qui les enfreint envers qui que ce soit, est également répréhensible et criminel aux yeux du Seigneur;

Que cette doctrine est aussi enseignée par les docteurs de la loi qui ne cessent de prêcher l'amour du Créateur et de sa créature (Traité d'Abot, chap. VI, § 6) et déclarent formellement que les récompenses de la vie éternelle seront réservées aux hommes vertueux de toutes nations (Talmud, Traité Sanhed., chap. II) ; que l'on trouve dans les prophètes des preuves multipliées qui établissent qu'Israël n'est pas l'ennemi de ceux qui professent une autre religion que la sienne ;

Qu'à l'égard de la charité, Moïse, comme il a déjà été rapporté, la prescrit au nom de Dieu comme une obligation : « Aime ton prochain comme toi-même, car je suis le Seigneur. L'étranger qui habite dans votre sein sera comme celui qui est né parmi vous : vous l'aimerez comme vous-même, car vous avez été aussi étrangers en Egygte. Je suis l'Eternel, votre Dieu. » (Levit, chap. XIX, v. 34). David dit : « La miséricorde de Dieu s'étend sur ses œuvres. » (Ps. 145, v. 9). « Qu'exige de vous le Seigneur, dit Michel : rien de plus que d'être juste, et la charité. » (Chap. VI, v. 8). « Nos docteurs déclarent que l'homme compatissant aux maux de ses semblables est à nos yeux comme s'il était issu du sang d'Abraham. » (Hirubin, chap. VII).

Que tout Israélite est obligé envers ceux qui observent les Noachides, quelle que soit d'ailleurs leur religion, de les aimer comme ses frères, de visiter leurs malades, d'enterrer leurs morts, d'assister leurs pauvres comme ceux d'Israël, et qu'il n'y a point d'acte de charité ni d'œuvre de miséricorde dont il puisse se dispenser envers eux ;

D'après ces motifs, puisés dans la lettre et l'esprit de l'Ecriture Sainte, le Grand Sanhédrin prescrit à tous les Israélites, comme devoirs essentiellement religieux et inhérents à leurs croyance, la pratique habituelle et constante, envers tous les hommes reconnaissant Dieu créateur du ciel et de la terre, quelque religion qu'ils professent, des actes de justice et de charité dont les livres saints leur prescrivent l'accomplissement.

Rapport civils et politiques.

Art. 6. — Le Grand Sanhédrin, pénétré de l'utilité qui doit résulter pour les Israélites d'une déclaration authentique qui fixe et détermine leurs obligations comme membres de l'Etat auquel ils appartiennent, et voulant que nul n'ignore quels sont, à cet égard, les principes que les docteurs de la loi et les notables d'Israël professent et prescrivent à leurs coreligionnaires dans les pays où ils ne sont point exclus de tous les avantages de la société civile, spécialement en France et dans le royaume d'Italie ;

Déclare qu'il est de devoir religieux pour tout Israélite né et élevé dans un Etat, ou qui en devient citoyen par résidence ou autrement, conformément aux lois qui en déterminent les conditions, de regarder ledit Etat comme sa patrie ;

Que ces devoirs qui dérivent de la nature des choses, qui sont conformes à la destination des hommes en société, s'accordent par cela même avec la parole de Dieu ;

Daniel dit à Darius « qu'il n'a été sauvé de la fureur des lions que pour avoir été également fidèle à son Dieu et à son roi » (ch. VI, v. 23) ;

Jérémie recommande aux Hébreux de regarder Babylone comme leur patrie : « Concourez de tout votre pouvoir, dit-il, à son bonheur. » (Jér., chap. V). On lit dans le même livre le serment que fit prêter Guedalya aux Israélites :

« Ne craignez point, leur dit-il, de servir les Chaldéens, demeurez dans le pays ; soyez fidèles au roi de Babylone, et vous vivrez heureusement. » (Ibid., chap. XL, v. 9) ;

« Crains Dieu et ton souverain », a dit Salomon (Prov., ch. XL, v. 21) ;

Qu'ainsi tout prescrit à l'Israélite d'avoir pour son prince et ses lois, le respect, l'attachement et la fidélité dont tous ses sujets lui doivent le tribut, que tout l'oblige à ne point isoler son intérêt de l'intérêt public ; ni sa destinée, non plus que celle de sa famille, de la destinée de la grande famille de l'Etat ; qu'il doit s'affliger de ses revers, s'applaudir de ses triomphes et concourir par toutes ses facultés au bonheur de ses concitoyens ;

En conséquence, le Grand Sanhédrin statue que tout Israélite né et élevé en France et dans le royaume d'Italie, et traité par les lois des deux Etats comme citoyen, est obligé religieusement de les regarder comme sa patrie, de les servir, de les défendre, d'obéir aux lois et de se conformer dans toutes ses transactions aux dispositions du Code civil ;

Déclare en outre, le Grand Sanhédrin, que tout Israélite appelé au service militaire est dispensé par la loi, pendant la durée de ce service, de toutes les observances religieuses qui ne peuvent se concilier avec lui.

Professions utiles

Art. 7. — Le Grand Sanhédrin, voulant, éclairer les Israélites et, en particulier, ceux de France et du royaume d'Italie, sur la nécessité où ils sont et les avantages qui résulteront pour eux de s'adonner à l'agriculture, de posséder des propriétés foncières, d'exercer les arts et métiers, de cultiver les sciences qui permettent d'embrasser des professions libérales ; et considérant que si, depuis longtemps, les Israélites des deux États se sont vus dans la nécessité de renoncer en partie aux travaux mécaniques, et principalement à la culture des terres, qui avaient été dans l'ancien temps leur occupation favorite, il ne faut attribuer ce funeste abandon qu'aux vicissitudes de leur état, à l'incertitude où ils avaient été, soit à l'égard de leur sûreté personnelle, soit à l'égard de leurs propriétés, ainsi qu'aux obstacles de tout genre que les règlements et les lois des nations opposaient au libre développement de leur industrie et de leur activité ;

Que cet abandon n'est aucunement le résultat des principes de leur religion, ni des interprétations qu'en ont pu donner leurs docteurs, tant anciens que modernes, mais bien un effet malheureux des habitudes que la privation du libre exercice de leurs facultés industrielles leur avait fait contracter ;

Qu'il résulte, au contraire, de la lettre et de l'esprit de la législation mosaïque, que les travaux corporels étaient en honneur parmi les enfants d'Israël, et qu'il n'est aucun art mécanique qui leur soit nominativement interdit, puisque la Sainte-Écriture les invite et leur commande de s'y livrer ; que cette vérité est démontrée par l'ensemble des lois de Moïse, et de plusieurs textes particuliers, tels entre autres que ceux-ci : « Lorsque tu jouiras du labeur de tes mains, tu seras bienheureux, et tu auras l'abondance » (psaume 127) ; « celui qui laboure ses terres aura l'abondance, mais celui qui vit dans l'oisiveté est dans la disette » (Prov. chap. 28 et 29). « Laboure diligemment ton champ et tu pourras après édifier ton manoir. » (Prov. ch. 24 et 27). « Aime le travail et fuis la paresse » (Misna, traité d'Abot, chap. 1);

Qu'il suit évidemment de ces textes, non seulement qu'il n'est point de métier honnête interdit aux Israélites, mais que la religion attache du mérite à leur exercice, et qu'il est agréable aux yeux du Très-Haut que chacun s'y livre, et en fasse, autant qu'il dépend de lui, l'objet de ses occupations ;

Que cette doctrine est confirmée par le Talmud qui, regardant l'oisiveté comme la source des vices, déclare positivement que le père qui n'enseigne pas une profession à son enfant l'élève pour la vie des brigands (Kiduschim, chap. 1), cent autres passages du même Code que l'on pourrait citer à ce sujet ;

En conséquence le Grand Sanhédrin, en vertu des pouvoirs dont il est revêtu,

Ordonne à tous les Israélites, et en particulier à ceux de France et du royaume d'Italie, qui jouissent maintenant des droits civils et politiques, de rechercher et d'adopter les moyens les plus propres à inspirer à la jeunesse l'amour du travail et à la diriger vers l'exercice des arts et métiers, ainsi que des professions libérales, attendu que ce louable exercice est conforme à notre sainte religion, favorable aux bonnes mœurs, essentiellement utile à la patrie, qui ne saurait voir dans des hommes désœuvrés et sans état que de dangereux citoyens ; invite, en outre, le Grand Sanhédrin, les Israélites des deux états de France et d'Italie, d'acquérir des propriétés foncières, comme un moyen de s'attacher davantage à la patrie, de renoncer à des occupations qui rendent les hommes odieux ou méprisables aux yeux de leurs concitoyens, et de faire tout ce qui dépendra de nous pour acquérir leur estime et leur bienveillance.

Prêt entre Israélites.

Art. 8. — Le Grand Sanhédrin, pénétré des inconvénients attachés aux interprétations erronées qui ont été données au verset XIX du chapitre 23 du Deutéronome et autres de l'Écriture Sainte sur le même sujet, et voulant dissiper les doutes que ces interprétations ont fait naître et n'ont que trop accréditées sur la pureté de notre morale religieuse, relativement au prêt.

Déclare que le mot « Nechech » que l'on a traduit par celui d'usure, a été mal interprété ; qu'il n'exprime dans la langue hébraïque qu'un intérêt quelconque, et non un intérêt usuraire ; que nous ne pouvons entendre par l'expression française d'usure qu'un intérêt au-dessus de l'intérêt légal, là où la loi a fixé un taux à ce dernier; que de cela seul que la loi de Moïse n'a point fixé ce taux, l'on ne peut pas dire que le mot hébreu «Nechech» signifie un intérêt illégitime; qu'ainsi, pour qu'il y eût lieu de croire que ce mot eût la même acception que celui d'usure, il faudrait qu'il en existât un autre qui signifiât intérêt légal; que ce mot n'existant pas, il suit nécessairement que l'expression hébraïque « nechech » ne peut point signifier usure;

Que le but de la loi divine, en défendant à un Hébreu le prêt à intérêt envers un autre Hébreu était de resserrer entre eux les liens de la fraternité, de leur prescrire une bienveillance réciproque, et de les engager à s'aider les uns les autres avec désintéressement;

Qu'ainsi il ne faut considérer la défense du législateur divin que comme un précepte de bienfaisance et de charité fraternelle;

Que la loi divine et ses interprètes ont permis ou défendu l'intérêt, selon les divers usages que l'on fait de l'argent. Est-ce pour soutenir une famille? L'intérêt est défendu. Est-ce pour entreprendre une spéculation de commerce qui fait courir un risque aux capitaux du prêteur? L'intérêt est permis quand il est légal, et qu'on peut le regarder comme un juste dédommagement. Prête au pauvre, dit Moïse. Ici le tribut de la reconnaissance, l'idée d'être agréable aux yeux de l'Éternel, est le seul intérêt; le salaire du service rendu est dans la satisfaction que donne la conscience d'une bonne action; qu'il n'en est pas de même de celui qui emploie des capitaux dans l'exploitation de son commerce; là, il est permis au prêteur de s'associer au profit de l'emprunteur.

En conséquence, le Grand Sanhédrin déclare, statue et ordonne, comme devoir religieux, à tous Israélites, et particulièrement à ceux de France et du royaume d'Italie, de n'exiger aucun intérêt de leurs coreligionnaires, toutes les fois qu'il s'agira d'aider le père de famille dans le besoin, par un prêt officieux;

Statue, en outre, que le profit légitime du prêt entre coreligionnaires n'est religieusement permis que dans le cas de spéculations commerciales qui font courir un risque au prêteur, ou en cas de lucre cessant, selon le taux fixé par la loi.

Prêt entre Israélite et non Israélite.

Art. 9. — Le Grand Sanhédrin, voulant dissiper l'erreur qui attribue aux Israélites la faculté de faire l'usure avec ceux qui ne sont pas de leur religion, comme leur étant laissée par cette religion même et confirmée par leurs docteurs talmudistes;

Considérant que cette imputation a été, dans différents temps et différents pays, l'une des causes des préventions qui se sont élevées contre eux, et voulant faire cesser dorénavant tout faux jugement à cet égard en fixant le sens du texte sacré sur cette matière,

Déclare que le texte qui autorise le prêt à intérêt avec l'étranger ne peut et ne doit s'entendre que des nations étrangères avec lesquelles on faisait le commerce et qui prêteraient elles-mêmes aux Israélites, cette faculté étant basée sur un principe naturel de réciprocité ;

Que le mot « Nochri » ne s'applique qu'aux individus des nations étrangères et non à des concitoyens que nous regardons comme nos frères ;

Que, même à l'égard des nations étrangères, l'Ecriture Sainte, en permettant de prendre d'elles un intérêt, n'entend point parler d'un profit excessif et ruineux pour celui qui le paye, puisqu'elle nous déclare ailleurs que toute iniquité est abominable aux yeux du Seigneur ;

En conséquence de ces principes, le Grand Sanhédrin, en vertu du pouvoir dont il est revêtu, et afin qu'aucun Hébreu ne puisse à l'avenir alléguer l'ignorance de ses devoirs religieux en matière de prêt à intérêt envers ses compatriotes, sans distinction de religion ;

Déclare à tous Israélites, et particulièrement à

ceux de France et du royaume d'Italie, que les dispositions prescrites par la décision précédente sur le prêt officieux ou à intérêt d'Hébreu à Hébreu, ainsi que les principes et les préceptes rappelés par le texte de l'Ecriture Sainte sur cette matière, s'étendent tant à nos compatriotes, sans distinction de religion, qu'à nos coreligionnaires ;

Ordonne à tous, comme précepte religieux, et en particulier à ceux de France et du royaume d'Italie, de ne faire aucune distinction à l'avenir, en matière de prêt, entre concitoyens et coreligionnaires, le tout conformément au statut précédent ;

Déclare, en outre, que quiconque transgressera la présente ordonnance, viole un devoir religieux et pèche notoirement contre la loi de Dieu ;

Déclare enfin que toute usure est indistinctement défendue, non seulement d'Hébreu à Hébreu et d'Hébreu à concitoyen d'une autre religion, mais encore avec les étrangers de toutes les nations, regardant cette pratique comme une iniquité abominable aux yeux du Seigneur ;

Ordonne également, le Grand Sanhédrin, à tous les rabbins dans leurs prédications et leurs instructions, de ne rien négliger auprès de leurs coreligionnaires pour accréditer dans leur esprit les maximes contenues dans la présente décision.

§ IX

La reprise et la clôture des séances de l'Assemblée des Juifs

Les travaux du Grand Sanhédrin sont terminés. Les décisions doctrinales qu'il a prises sont conformes aux vues de l'Empereur, aux désirs formulés par lui dans sa lettre à M. de Champagny en date du 29 novembre 1806, désirs qui, dans sa pensée, devaient être, et furent bien, en réalité, considérés comme des ordres.

Toutefois, pour ce qui concerne le mariage entre Juifs et Chrétiens, le Sanhédrin s'est seulemennt borné à ne pas le déclarer anathème, et ne l'a pas recommandé formellement comme le voulait l'Empereur. Les Députés israélites, malgré leur apparente docilité, se sont en cet endroit, montrés hésitants et circonspects, en considération de l'aversion profonde que leurs coreligionnaires ont toujours témoignée pour les unions avec des gens qui ne professent pas leur religion, et par crainte de soulever les protestations les plus vives parmi eux.

Le vote de l'article 3 sur le mariage, comme nous l'assurent les commissaires dans leur rapport sur les travaux du Sanhédrin, fut difficile à obtenir. Les Juifs cédèrent, mais en faisant certaines restrictions. Cet entêtement sur un point auquel l'Empereur attachait une extrême importance, parce qu'à son avis, ces unions entre Juifs et Chrétiens devaient concourir à l'amélioration des mœurs israélites et à l'apaisement des esprits contre eux, lui déplut particulièrement, et il ne dissimula pas son mécontentement. Il témoigna pour le reste d'une entière satisfaction, se félicitant de voir les décisions doctrinales absolument calquées, sauf le point que nous venons de citer, sur la rédaction qu'il en avait pour ainsi dictée à son ministre de l'Intérieur.

Restaient alors à prendre, en second lieu, selon le plan de Napoléon, des dispositions d'organisation et de discipline, et nous avons vu que ce travail avait été confié à l'Assemblée générale des Juifs.

Ce nouveau travail terminé, il n'y aura plus, pour compléter la réforme de la religion juive, qu'à faire quelques règlements exécutoires de ces dispositions, et ce sera la tâche du Conseil d'Etat.

L'Assemblée générale reprend donc le cours de ses délibérations. Dans la première séance, qui a lieu le 25 mars 1807, le président Furtado, au nom de la Commission, lit un long rapport sur les travaux du Grand Sanhédrin.

La Commission, dit-il en substance, a d'abord été fort embarrassée pour trouver des formules convenables aux décisions qu'elle allait prendre ; mais, après de nombreuses recherches dans les vieux documents judaïques, elle a pu donner à ces décisions une couleur antique et religieuse, s'adaptant assez avec la nature des objets sur lesquels il a été statué. C'est à l'Assemblée entière qu'elle doit d'avoir réussi dans son entreprise. Elle a été guidée dans cette tâche par de franches déclarations et de nobles réponses, toutes dictées par un excellent esprit. La commission ne pouvait donc s'égarer. Elle doit aussi attribuer une large part de ce succès au prince magnanime, ami de la justice et de la vérité, qui a la volonté du bien et la puissance de le faire, et qui est pénétré de ce principe que la diversité des cultes ne doit point influer, dans ses vastes États, sur la jouissance des droits civils et politiques.

L'orateur commente ensuite les décisions doctrinales du Sanhédrin.

Les Israélites jouissent du précieux avantage d'être incorporés dans la grande nation ; il ne doit plus, par conséquent, exister de différence entre eux et leurs concitoyens dans leurs rapports moraux. Ils ont acquis des droits ; ils doivent s'imposer les devoirs qui leur sont corrélatifs ; aucun dogme ne leur prohibant l'exercice des professions utiles et libérales, rien ne les empêche de s'y livrer.

Furtado est alors conduit à s'expliquer sur le déplorable abus auquel un certain nombre d'individus se livrent dans les départements septentrionaux de l'Empire, abus qui a déterminé la convocation de l'Assemblée. C'est cet abus qui a le plus contribué à attirer sur la nation juive la haine et le mépris des peuples. Mais l'orateur veut trouver une atténuation à la culpabilité des usuriers, et il cite en passant le mot célèbre de Turgot : « Il est doux de trouver à emprunter, mais il est dur d'être obligé de rendre. »

Il essaie de justifier l'usure et l'explique par ce fait que les Juifs n'ayant pas partout la faculté de convertir leurs capitaux en fonds de terre ou autres valeurs immobilières, étaient naturellement induits à prêter leur argent à intérêt. D'un autre côté, ajoute-t-il, les tributs énormes qu'ils payaient et les exactions qu'on se permettait à leur égard les contraignait d'élever le taux de cet intérêt, afin de satisfaire tout à la fois l'Etat, les seigneurs particuliers et les villes où ils résidaient.

Les paysans d'Alsace, selon lui, se plaignent injustement; car, du moment qu'ils empruntent, ils sont condamnés à la ruine. Lors même qu'ils n'emprunteraient qu'à un intérêt modéré, s'ils ne font pas un emploi prodigieusement lucratif des sommes qu'ils empruntent, ou s'ils empruntent pour vivre, ils sont bientôt réduits à l'impuissance de payer.

Cette théorie du propriétaire bordelais Furtado ne manque pas d'une certaine originalité.

Il reconnaît que, pour vivre, les cultivateurs d'Alsace sont dans la nécessité d'emprunter aux Juifs, mais qu'il est bien difficile d'éviter la ruine quand on est réduit à emprunter, même quand le prêt est consenti à un taux modéré. Pourquoi donc alors certains Juifs, s'ils sont véritablement animés de sentiments humanitaires, comme l'affirment leurs députés à l'Assemblée, prêtent-ils toujours à un taux excessif qui a pour conséquence inévitable de précipiter cette ruine des Alsaciens et d'accroître encore leurs misères ?

Sans doute, avant la Révolution, ils pouvaient trouver une excuse à leurs prêts usuraires ; les corps de métiers leurs étaient fermés et il fallait bien payer les lourdes redevances auxquelles ils étaient assujettis.

Mais, devenus citoyens, ils ne peuvent plus invoquer de tels prétextes.

En prêtant à un intérêt scandaleux, les usuriers israélites n'ont qu'un but bien défini, celui d'accroître leur fortune, d'étendre de plus en plus le cercle de leurs spéculations, enfin, de capitaliser entre leurs mains toutes les richesses de la région où ils exercent leur trafic. Ils ne visent donc qu'à l'oppression de leurs débiteurs, et le mobile qui les fait agir n'est rien autre que l'amour effréné d'un gain malhonnête.

L'orateur, tout en essayant d'excuser les abus dont les Juifs se rendent coupables, se trouve pourtant dans la nécessité de les condamner : « Ces abus ne se reproduiront plus, et ceux-là seuls qui s'en rendront coupables en subiront la peine. »

Il termine enfin en exprimant un regret, celui de ne pouvoir offrir à l'Empereur le respectueux hommage de l'Assemblée. « Son départ pour une guerre dont le but est d'éloigner pour longtemps ce fléau de l'Europe civilisée, d'y assurer et d'y garantir l'empire de la justice et de la raison nous a privés de l'honneur d'être présentés à notre illustre bienfaiteur. »

Dans cette séance, le rapport est adopté, et l'on vote ensuite une adresse à l'Empereur pour le remercier d'avoir réorganisé le culte israélite, et pour le prier de lever le sursis décrété le 30 mai 1806.

Dans la séance du 27 mars, la discussion porte sur un projet d'arrêté présenté par la Commission des Neuf, pour inviter le Gouvernement à prendre les mesures nécessaires dans le but de réprimer les abus commis par un certain nombre de Juifs dans l'exercice de leur commerce. Une commission nommée à cet effet est chargée de s'entendre avec les Commissaires de l'Empereur.

Le 30 mars, l'Assemblée entend cette Commission ; un long débat s'engage, et finalement, on adopte l'arrêté suivant :

L'Assemblée des Députés des Israélites de France et du royaume d'Italie, après avoir entendu le compte que lui a rendu son Comité des Neuf des travaux du Grand Sanhédrin ;

Considérant que les décisions de cette vénérable Assemblée et le corps de doctrine qu'elles présentent sont bien propres à faire revivre dans le cœur de tous les Israélites la divine morale de la sainte loi;

Considérant qu'il importe pour la régénération de ses coreligionnaires, non seulement de redresser des opinions erronées, mais encore de réformer les habitudes vicieuses dont on s'est plaint dans quelques lieux; que des mesures capables de remplir cet objet important ne peuvent être prises et même préparées que par le Gouvernement lui-même: qu'enfin elle aura rempli les obligations que lui impose l'intérêt des hommes qu'elle représente quand elle aura indiqué et livré tous leurs besoins à la sagesse profonde et paternelle du grand monarque qui daigne s'occuper d'eux.

Arrête que MM. les Commissaires seront suppliés de transmettre à S. M. le vœu que forme très humblement l'Assemblée pour que Sa Majesté daigne prendre les dispositions qu'elle croira convenable, afin qu'à l'avenir quelques Israélites, au moyen du brocantage qu'ils exercent ou des hypothèques qu'ils prennent, ne portent plus dans le commerce et dans les fortunes des désordres semblables à ceux dont on s'est plaint, et dont trop souvent la honte et le châtiment ont rejailli sur tous leurs coreligionnaires.

Le 6 avril 1807, l'Assemblée tient sa dernière séance. Le Président donne lecture de la lettre suivante que les Commissaires impériaux lui ont adressée :

« Vous pouvez, Messieurs, annoncer à l'Assemblée que vous présidez, que son dernier arrêté, ainsi que l'adresse qu'elle a votée, ont été mis sous les yeux de l'Empereur. Après avoir si honorablement terminé ses travaux, elle peut se séparer.

« Nous avons l'honneur de vous saluer.

« Signé : Math. MOLÉ, PORTALIS fils,
Et. PASQUIER. »

L'Assemblée vote un projet d'exhortations destiné à être répandu parmi tous les Israélites de France et d'Italie, et de l'étranger, pour leur rappeler les sentiments de morale civile proclamés par le Grand Sanhédrin ; le Président prononce le discours de clôture, et l'Assemblée se sépare, ayant accompli sa mission.

Voici en quels termes Champagny annonce à Napoléon la clôture des sessions de l'Assemblée des députés juifs :

Paris, le 10 avril 1807.

Sire,

J'ai l'honneur d'adresser à Votre Majesté la dernière délibération prise par l'Assemblée générale des Juifs : elle a été assez difficile à obtenir. Il était plus facile de les engager à se départir de telle ou telle pratique religieuse que de les porter à des mesures qui blessaient leur amour-propre en paraissant les séparer du reste des Français par des dispositions applicables à eux seuls. Cependant, ils invitent l'autorité publique à réprimer les abus du brocantage dont plusieurs de leurs frères se rendent coupables et les inconvénients résultant des hypothèques qu'ils prennent. Cette invitation seule peut fournir le texte de tous les règlements par lesquels on voudra circonscrire le commerce qui leur sera permis. L'article des mariages choquait trop leurs principes religieux ; il a paru impossible de rien ajouter à l'opinion tolérante énoncée par le Grand Sanhédrin sur ces mariages des Chrétiens et des Juifs. Le règlement précédemment adopté par l'Assemblée, renferme sur la conscription dont il fait un devoir religieux, des invitations pressantes, et l'Assemblée n'a pu souscrire à une disposition qui leur aurait imposé une obligation à laquelle le reste des Français n'est pas assujetti, celle de ne remplacer un Israélite que par un Israélite. Ce règlement dont j'ai eu l'honneur de vous envoyer une seconde copie le 17 février dernier, renferme toutes les dispositions d'organisation et de discipline désirées. Les intentions de votre Majesté ont donc été remplies et, à l'exception de quelques points très délicats, dans toute leur étendue.

Il m'a paru inutile de conserver plus longtemps cette Assemblée dont les Commissaires de votre Majesté n'attendent plus aucun résultat utile ; dont tous les membres sont fatigués par la longueur de leur séjour à Paris, soupirent après leur retour dans leurs foyers, et languissent dans la misère où les laisse la parcimonie de leurs concitoyens ; je vais prononcer leur séparation et les renvoyer réclamer des coreligionnaires de leurs départements les payements des indemnités qui leur ont été promises.

Pour l'entier accomplissement des vues de Votre Majesté, j'aurai l'honneur de lui proposer quelques projets de décret renfermant des dispositions qui ne peuvent émaner que de son autorité et qui complèteront le système de la réformation que Votre Majesté a voulu opérer dans cette classe d'hommes maintenant appelés à devenir véritablement Français.

Je suis, avec un profond respect, etc.

CHAMPAGNY.

Peu de temps après, les commissaires désignés par l'Empereur pour traiter les affaires des Juifs lui présentent le compte de leurs travaux dans l'importante mission qu'il leur a confiée[1]. Nous avons cité un passage de ce rapport où ils montrent l'étendue du mal causé par les Juifs. Après avoir résumé l'histoire des délibérations de l'Assemblée des députés Juifs, du Comité des Neuf, et du Grand Sanhédrin, ils concluent qu'il est d'utilité immédiate d'empêcher les Juifs d'être plus longtemps nuisibles et dangereux.

§ X

Les décrets Impériaux du 17 mars 1808 sur le culte Israélite.

L'Empereur touche au but qu'il s'est proposé. Les Juifs ont cru à ses intentions libérales, et lui ont fourni des armes contre eux-mêmes ; ils vont, dès lors, sentir tout le poids

1. Arch. nat. s. secr. AF. IV. 300, dr 2150. Rapport à Napoléon des Commissaires de S. M. pour traiter les affaires des Juifs, mars 1807.

de son despotisme. Ils ont cru trouver dans Napoléon un homme encore imbu des idées généreuses de la Révolution, et désireux d'appliquer dans ses Etats, les grands principes de la liberté de conscience et des cultes : ils se sont naïvement imaginé, qu'en réformant la religion juive, il cédait à un sentiment humanitaire et religieux tout à la fois. Il ne fait en somme pour la religion juive que ce qu'il a déjà fait pour les Eglises catholique et protestante. S'il la réorganise, c'est pour avoir la haute main sur elle.

Trois décrets concernant les Israélites, paraissent en même temps, à la date du 17 mars 1808; deux regardant l'organisation du culte, et un troisième sur lequel nous nous proposons de revenir, et qui traite de la condition des Israélites au point de vue civil et politique.

Les deux premiers exclusivement religieux assurent l'exécution du règlement voté par l'Assemblée générale des Juifs, le 10 décembre 1806 : Napoléon y ordonne l'établissement de synagogues consistoriales et règle le mode de nomination des membres des consistoires. C'est donc quatorze mois après son élaboration que ce règlement reçoit son exécution.

Décret impérial qui ordonne l'exécution du règlement du 10 décembre 1806, concernant les Juifs.

Au Palais des Tuileries, le 17 mars 1808.

Napoléon, empereur des Français, roi d'Italie, et protecteur de la confédération du Rhin,

Sur le rapport de notre ministre de l'Intérieur,

Nous avons décrété et décrétons ce qui suit :

Art. 1er. — Le règlement délibéré dans l'Assemblée Générale des Juifs, tenue à Paris le 10 décembre 1806 sera exécuté et annexé au présent décret.

Art. 2. — Nos ministres de l'Intérieur et des Cultes sont chargés, chacun en ce qui le concerne de l'exécution du présent décret.

Signé : NAPOLÉON.

Le Ministre Secrétaire d'État,
Hugues-B. MARET.

Voici ce que décidait ce règlement :

Il sera établi une synagogue et un consistoire israélite dans chaque département renfermant deux mille individus professant la religion de Moïse; dans le cas où il ne se trouverait pas deux mille Israélites dans un seul département, la conscription de la synagogue embrassera autant de départements de proche en proche qu'il en faudra pour les réunir, le siège de la synagogue devant toujours être dans la ville renfermant le plus d'Israélites.

Mais, dans aucun cas, il ne pourra y avoir plus d'une synagogue consistoriale par département.

Aucune synagogue particulière ne sera établie si la proposition n'en est préalablement faite par la synagogue consistoriale à l'autorité compétente, et chaque synagogue particulière sera administrée par deux notables et un rabbin, tous les trois désignés par cette même autorité.

Il y aura un grand rabbin par synagogue consistoriale. Les consistoires seront composés d'un grand rabbin, d'un autre rabbin s'il est possible, et de trois Israélites dont deux pris parmi les habitants de la ville où siégera le Consistoire. La présidence en appartiendra au plus âgé des membres, qui prendra le nom d'ancien du Consistoire. Vingt-cinq membres désignés à l'avance, et choisis parmi les plus imposés et les plus recommandables des Israélites dans chaque circonscription consistoriale, procèderont à l'élection des membres du Consistoire, et ces membres devront être agréés par l'autorité.

Pour être membre du Consistoire, il faudra remplir certaines conditions : être âgé d'au moins trente ans, ne pas avoir fait faillite, sauf le cas de réhabilitation, être connu avantageusement et réputé n'avoir jamais fait l'usure. Et pour éviter toute erreur, les Israélites qui viendront s'établir en France ou en Italie devront en donner connaissance dans le délai de trois mois au Consistoire le plus voisin du lieu où ils auront fixé leur demeure.

Mais quelles seront les fonctions des Consistoires ? Ils seront chargés de veiller à ce que les rabbins ne puissent donner soit en public, soit en particulier, aucune instruction ou explication de la loi qui ne soit conforme aux réponses de l'Assemblée, converties en décisions doctrinales par le Grand Sanhédrin, de maintenir l'ordre dans l'intérieur des Synagogues particulières, régler la perception et l'emploi des sommes destinées aux frais du culte mosaïque, et veiller à ce que pour cause ou sous prétexte de religion, il ne se forme, sans une autorisation expresse, aucune assemblée de prières ; d'encourager, par tous les moyens possibles, les Israélites de la circonscription territoriale à l'exercice des professions utiles, et de faire connaître à l'autorité ceux qui n'ont pas des moyens d'existence avoués ; de donner, enfin, chaque année, connaissance du nombre des conscrits israélites de la circonscription.

Il y aura à Paris un Consistoire central, composé de trois rabbins et de trois autres Israélites. Les rabbins du Consistoire central seront pris parmi les grands rabbins et les autres membres seront assujettis aux conditions de l'éligibilité portées dans un article spécial déjà énoncé.

Chaque année, il sortira un membre du Consistoire, et ce membre sera rééligible. Les membres restants pourvoiront à son remplacement, et le nouvel élu ne sera installé qu'après avoir obtenu l'agrément de l'autorité.

Le Consistoire central aura pour fonctions de correspondre avec les Consistoires, de veiller à la parfaite exécution de chacune des dispositions du règlement ; de déférer à l'autorité toutes les atteintes portées à cette exécution, soit par infraction, soit par inobservation ; de confirmer la nomination des rabbins ; de proposer, s'il y a lieu, la destitution de certains d'entre eux. Le grand rabbin sera élu par les vingt-cinq notables ; et il n'entrera en fonctions que lorsque son élection aura été confirmée par le Consistoire central.

Aucun rabbin ne pourra être élu : 1° s'il n'est natif ou naturalisé Français ou Italien du royaume d'Italie ; 2° s'il ne rapporte une attestation de capacité, souscrite par trois grands rabbins français s'il est français, et italiens s'il est italien. A partir de 1820, il ne pourra être élu, s'il ne sait la langue française en France et l'italienne dans le royaume d'Italie ; celui qui joindra à la connaissance de la langue hébraïque celle des langues grecque et latine aura droit à la préférence.

Les fonctions des rabbins consisteront à

enseigner la religion, la doctrine renfermée dans les décisions du Sanhédrin, à rappeler en toute circonstance l'obéissance aux lois, notamment et en particulier à celles relatives à la défense de la patrie ; à exhorter plus spécialement encore les Israélites au respect de ces lois tous les ans à l'époque de la conscription, depuis le premier appel de l'autorité, jusqu'à la complète exécution de cette loi ; à faire considérer aux Juifs le service militaire comme un devoir sacré et à leur déclarer que pendant le temps où ils se consacreront à ce service, la loi les dispense des observances qui ne pourront pas se concilier avec lui ; à prêcher dans les synagogues, et à réciter les prières qui s'y font en commun pour l'Empereur et la famille impériale[1] ; à célébrer les

1. Comparer avec le catéchisme enseigné dans les écoles sous le règne de Napoléon.

D. — Quels sont les devoirs des Chrétiens à l'égard des princes qui les gouvernent, et quels sont, en particulier, nos devoirs à l'égard de Napoléon Ier notre empereur ?

R. — Les Chrétiens doivent aux princes qui les gouvernent, et nous devons en particulier à Napoléon notre empereur, l'amour, le respect, l'obéissance, la

mariages et à déclarer les divorces sans qu'ils puissent, en aucun cas, y procéder que les parties requérantes ne leur aient bien et dûment justifié de l'acte civil du mariage ou de divorce.

Le traitement des rabbins, membres du Consistoire central, est fixé à six mille francs ; celui des grands rabbins des synagogues consistoriales à trois mille francs ; celui des rabbins

fidélité, le service militaire, les tributs ordonnés pour la conservation et la défense de l'Empire et de son trône. Honorer et servir notre empereur est donc honorer et servir Dieu même.

D. — N'y a-t-il pas des motifs particuliers qui doivent plus fortement nous attacher à Napoléon Ier notre empereur ?

R. — Oui ; car il est celui que Dieu a suscité dans les circonstances difficiles pour rétablir le culte public de la religion sainte de nos pères, et pour en être le protecteur. Il a ramené et conservé l'ordre public par sa sagesse profonde et active ; il défend l'état par son bras puissant ; il est devenu l'oint du Seigneur par la consécration qu'il a reçue du Souverain Pontife, chef de l'Église universelle.

D. — Que peut-on penser de ceux qui manqueraient de faire leur devoir envers notre Empereur ?

R. — Selon l'apôtre Saint-Paul, ils résisteraient à l'ordre établi de Dieu même, et se rendraient dignes de la damnation éternelle.

des synagogues particulières sera fixé par la réunion des Israélites qui auront demandé l'établissement de la synagogue ; il ne pourra être moindre de mille francs. Les Israélites des circonscriptions respectives pourront leur voter une augmentation de traitement.

Chaque consistoire proposera à l'autorité compétente un projet de répartition entre les Israélites de la circonscription pour l'acquittement du salaire des rabbins ; les autres frais du culte seront déterminés et répartis sur la demande des commissaires par l'autorité compétente. Le paiement des rabbins, membres du consistoire central, sera prélevé proportionnellement sur les sommes perçues dans les différentes circonscriptions.

Chaque consistoire désignera hors de son sein, un Israélite non rabbin, pour recevoir les sommes qui devront être perçues dans la circonscription. Ce receveur payera par quartier les rabbins, ainsi que les frais du culte, sur une ordonnance signée au moins par trois membres du consistoire, et rendra ses comptes chaque année à jour fixe au consistoire assemblé.

Tout rabbin qui, après la mise en vigueur de ces différentes décisions, ne se trouvera pas employé, et qui voudra cependant conserver son domicile en France ou dans le royaume d'Italie, sera tenu d'adhérer par une déclaration formelle et signée à ces décisions ; une copie de cette déclaration sera immédiatement envoyée par le consistoire qui l'aura reçu, au consistoire central. Enfin les rabbins, membres du Grand Sanhédrin, seront préférés autant que possible à tous autres pour les places de grands rabbins. Telles sont, dans leur ensemble les dispositions contenues dans le règlement du 10 décembre 1806, et converties en articles de loi le 17 mars 1808.

Un deuxième décret impérial, concernant les Juifs, paraissait le même jour ; il était ainsi conçu :

Au Palais des Tuileries, le 17 mars 1808.

Napoléon, empereur des Français, roi d'Italie, et protecteur de la Confédération du Rhin,

Sur le rapport de notre Ministre de l'Intérieur,

Notre Conseil d'État entendu,

Nous avons décrété et décrétons ce qui suit :

Art. 1er. — Pour l'exécution de l'art. 1er du règlement délibéré par l'Assemblée générale des Juifs, exécution qui a été ordonnée par notre décret de ce jour, notre Ministre des Cultes nous présentera le tableau des synagogues consistoriales à établir, leur circonscription et le lieu de leur établissement. Il prendra préalablement l'avis du Consistoire central. Les départements de l'Empire qui n'ont pas actuellement de population Israélite seront classés par un tableau supplémentaire dans les arrondissements des synagogues consistoriales pour le cas où des Israélites, venant à s'y établir, ils auraient besoin de recourir à un Consistoire.

Art. 2. — Il ne pourra être établi de synagogue particulière, suivant l'article 4 du dit règlement, que sur l'autorisation donnée par nous en Conseil d'État sur le rapport de notre Ministre des Cultes, et sur le vu : 1° De l'avis de la synagogue consistoriale ; 2° De l'avis du consistoire central ; 3° De l'avis du préfet du département ; 4° De l'état de la population Israélite qui comprendra la synagogue nouvelle.

La nomination des administrateurs des synagogues particulières sera faite par le Consistoire départemental et approuvé par le Consistoire central.

Le décret d'établissement de chaque synagogue en fixera la circonscription.

Art. 3. — La nomination des notables dont il est parlé dans l'article 8 du dit règlement, sera faite par notre Ministre de l'Intérieur, sur la présentation du Consistoire central et l'avis des Préfets.

Art. 4. — La nomination des membres des Consistoires départementaux sera présentée à notre approbation par notre Ministre des Cultes, sur l'avis des préfets des départements compris dans l'arrondissement de la synagogue.

Art. 5. — Les membres du Consistoire central, dont il est parlé à l'art. 13 du dit règlement, seront nommés pour la première fois par nous, sur la présentation de notre Ministre des Cultes, et parmi les membres de l'Assemblée générale des Juifs ou du Grand Sanhédrin.

Art. 6. — Le même Ministre présentera à notre approbation le choix du nouveau membre du Consistoire central qui sera désigné chaque année selon les art. 15 et 16 du dit règlement.

Art. 7. — Le rôle de répartition dont il est parlé à l'art. 23 du dit règlement sera dressé par chaque Consistoire départemental, divisé en autant de parties qu'il y aura de départements dans l'arrondissement de la synagogue, soumis à l'examen du Consistoire central et rendu exécutoire par les préfets de chaque département.

Nos Ministres de l'Intérieur et des Cultes sont chargés de l'exécution du présent décret.

Signé : NAPOLÉON.

Pour l'Empereur :
Le Ministre, Secrétaire d'Etat,
Signé : Hugues B. MARET.

Tels sont les décrets qui placent le culte israélite sous la dépendance de l'Empereur.

Napoléon se réserve la première nomination des membres du Consistoire central ; le choix d'un nouveau membre, en remplacement de celui qui sort tous les ans, doit être présenté à son approbation.

Les membres des Consistoires départementaux sont bien recrutés par la voie de l'élection ; mais ils sont choisis par des électeurs désignés à cet effet par l'Empereur et doivent être agréés par lui.

Il détermine le nombre des synagogues, règle le mode d'entretien du temple, les fonctions des Consistoires et des rabbins.

Sous l'empire de cette législation, les ministres du culte hébraïque ne sont plus les représentants d'une croyance, les magistrats indépendants d'une société religieuse. Ce sont des agents du pouvoir, des hommes de la société politique, serviteurs fidèles des projets du maître. La loi en fait des commissaires de police adjoints, des recruteurs en second, chargés de faire observer les lois sur la conscription.

Leur mission est, avant tout, de fournir des soldats à l'Empereur ; ils sont là non pour enseigner la religion, mais pour faire des sujets dociles, des conscrits dévoués. C'est l'Empereur qui parle et commande par la bouche des rabbins, comme c'est lui qui les nomme par l'intermédiaire de ses agents.

En exécution de ces décrets du 17 mars, le Consistoire central fut installé à Paris quelques mois plus tard. En effet, du Palais de Saint-Cloud, le 19 octobre de la même année, l'Empereur décréta, sur le rapport de son Ministre des Cultes, et après avoir entendu le Conseil d'État :

1° Les membres du Consistoire central des Juifs établis dans notre bonne ville de Paris par notre décret du 17 mars dernier, seront installés par notre conseiller d'État, préfet du département de la Seine, entre les mains duquel ils prêteront sur la Bible le serment prescrit par l'art. 6 de la loi du 18 germinal, an X, dont la formule est annexée au présent décret ;

2° Les membres des consistoires des synagogues israélites qui seront établis dans les départements de l'Empire, seront installés par le préfet de l'établissement de chaque synagogue, entre les mains duquel, ils prêteront le serment ci-dessus prescrit.

Le serment était ainsi formulé :

Je jure et promets à Dieu, sur la Sainte-Bible, de garder obéissance aux constitutions de l'Empire et fidélité à l'Empereur. Je promets aussi de faire connaître tout ce que j'apprendrai de contraire aux intérêts du Souverain et de l'État.

§ XI.

Le Serment « More judaïco. »

Le décret du 19 octobre 1808 ne fit qu'imposer aux Consistoires israélites la formule d'un serment particulier déjà exigé des évêques et des autres ecclésiastiques par les articles 6 et 7 du Concordat de l'an IX, des Consistoires et des pasteurs protestants par l'article 41 de la loi organique du culte protestant du 18 germinal an X. La formule était, à quelques mots près, la même ; les uns juraient sur les saints Evangiles ; les autres sur la sainte Bible : c'était la seule différence.

Il n'y eut donc là pour les Israélites aucune mesure vexatoire et personne ne s'en plaignit. Il n'en fut pas de même pour le serment judiciaire.

Des lettres patentes du 10 juillet 1784 avaient déterminé sous quelle forme les Juifs d'Alsace devaient prêter le serment en justice ; et elles avaient formellement prescrit que les Juifs de cette province devaient se conformer aux usages d'Allemagne, c'est-à-dire prêter le serment d'après le rite hébraïque.

Ce serment était environné de toute la pompe et de tout l'appareil de la religion ; il exigeait la présence d'un rabbin qui présentait au Juif la Bible sur laquelle il jurait.

Lorsque l'adversaire d'un Israélite exigeait de lui ou de ses témoins, devant le tribunal, la prestation du serment, la procédure était interrompue. Un magistrat se rendait à la synagogue la plus voisine, faisait prêter au Juif ou à ses témoins le serment *more judaïco* entre les mains du rabbin consistorial, puis le procès reprenait son cours.

Cette cérémonie du serment présente beaucoup de détails intéressants. Le Juif se faisait accompagner de dix de ses congénères du sexe masculin âgés d'au moins treize ans, que le rabbin annonçait et indiquait au début de la cérémonie. Le Juif avait la tête couverte, le front et la main garnis du Tephillin sehel rasch[1] et du Schel jad, le rabbin qui avait revêtu son Arba camphor[2], était couvert du Tallis[3]. Le Coscher Sepher thora[4] était extrait et

1. *Tephillin sehel rasch* (Tephillin phylacteria). Cuir en forme de courroie dont se servent les Juifs dans leurs prières et dont ils s'entourent la tête et le bras gauche.

2. *Arba camphor*. Sorte de manteau légal auquel pendent huit fils.

3. *Tallis*. Voile ou toile dont les Juifs se couvrent.

4. Le *Coscher Sepher Thora*, — le véritable livre de la loi. C'est la loi composée de cinq livres de Moïse, en gros caractères, sur un rouleau de parchemin enveloppé d'une étoffe de soie et orné de plaques d'argent.

porté avec pompe sur l'Almenor[1]. Le rabbin donnait alors lecture du passage qui concerne le serment, le thora posé sur le bras, la main droite étendue sur le cinquième livre de Moïse, le doigt posé sur le verset : « Tu ne prendras pas en vain le nom de ton Dieu. »

Après avoir entendu l'explication faite par le rabbin sur les malédictions encourues par les parjures, le Juif répétait à haute voix le serment en présence du magistrat :

« Adonaï, créateur du ciel, de la terre et de toutes choses, qui est aussi le mien et celui de tous les hommes présents, je t'invoque par ton nom sacré, en ce moment où il s'agit de dire la vérité, et je jure par lui de dire la pure vérité. Je jure en conséquence que... (faits pour lesquels le serment était exigé.)

« Je te prie donc, Adonaï, de m'aider et confirmer cette vérité, mais dans le cas où dans ceci j'employerais quelque fraude en cachant la vérité, que je sois éternellement (Heram) maudit, dévoré et anéanti par le feu

1. Almenor. Espèce d'estrade carrée au milieu de la synagogue.

dont Sodome et Gomohrre périrent, et accablé de toutes les malédictions écrites dans le Thora, et que l'Éternel qui a créé les feuilles, les herbes et toutes choses, ne vienne jamais à mon aide, ni à mon assistance dans aucune de mes affaires et de mes peines ; mais si je dis vrai et agis bien, qu'Adonaï me soit en aide et rien de plus. »

Le procès-verbal de prestation de serment était signé par le magistrat, les avoués des parties, le rabbin, le greffier, et enregistré[1].

Les Juifs protestèrent contre cette obligation à laquelle ils étaient soumis de prêter le serment *more judaïco*. Ils soutinrent qu'étant investis par la loi du 27 septembre 1791 du titre et des droits de citoyen, ils devaient, comme les autres Français, être égaux devant la loi qui admettait et proclamait la liberté des cultes, et qu'en conséquence, ils devaient être autorisés à prêter le serment judiciaire de la même manière que s'ils professaient la religion chrétienne. La loi ne reconnaissait qu'une seule manière de jurer pour tous les Fran-

1. Sir. 1809-11. 1. 210.

çais; elle consistait à affirmer étant debout, la main droite nue et levée, en prenant Dieu à témoin que telle chose était vraie. N'était-il pas évident que, par cette forme, l'homme qui jurait, engageait solennellement sa conscience et prenait la divinité à témoin de ce qu'il affirmait, en s'assujétissant à sa vengeance si l'affirmation était mensongère, quels que fussent les rites de la religion professée? N'était-ce pas contrarier ouvertement l'esprit de la loi civile que de forcer l'homme, qui invoquait l'appui de la justice humaine, à dévoiler au préalable sa religion, pour savoir sous quelle forme on devait enchaîner sa conscience au nom de la divinité ?

Toutes les raisons invoquées par les protestataires israélites devaient être repoussées comme contraires à la loi, à la morale, et, chose étrange, à la liberté des cultes.

Le serment, disait-on, est tout à la fois civil et religieux, civil parce que la loi l'autorise, religieux parce que celui qui le prête prend Dieu à témoin de la vérité de sa déclaration; les solennités et les formes sont de l'essence même du serment dans le culte qui les prescrit. Ces formes doivent être respectées comme le culte lui-même. Loin de trouver dans la loi une disposition contraire, c'est dans la loi même qui protège tous les cultes qu'on puise ce principe.

Un Juif, ajoutait-on, peut être citoyen français et jouir de tous les avantages que ce titre procure ; mais il ne doit pas avoir, pour cette raison, le privilège de tromper ses concitoyens ; privilège dont il jouirait pourtant si, chargé d'affirmer, il voulait prêter son affirmation dans une forme que sa religion ne regarde pas comme obligatoire. Cette affirmation serait un jeu pour lui, quand on aurait écarté la solennité d'usage et la seule forme qui puissent lui donner à ses yeux la force du serment. C'est un système contraire à toute saine morale ; il est inadmissible dans l'administration de la justice.

Le grand Juge, Ministre de la Justice, adressa le 26 octobre 1806 au procureur impérial de Mayence, qui l'avait consulté à cet égard, les instructions suivantes :

Non seulement, rien n'empêche que votre tribunal, monsieur, n'assujettisse les Juifs à prêter leurs serments selon les rites particuliers à leur religion, mais je pense même qu'il doit en être ainsi. Le serment est un acte religieux, et, par conséquent, doit être prêté dans les formes prescrites par la religion que professe celui auquel il est déféré.

Ce principe s'accorde d'ailleurs parfaitement avec l'état actuel des choses, et il est une suite de la liberté des cultes.

Il faut dire que la conduite d'un grand nombre d'Israélites était en cette matière fort répréhensible ; beaucoup d'entre eux faisaient du serment ordinaire un usage absolument scandaleux.

Quand le serment sans la forme spéciale leur était déféré, ils ne craignaient pas de faire devant le juge des déclarations qu'ils refusaient ensuite de renouveler devant le rabbin.

Chargés de prouver un fait, ils assignaient devant la justice des coreligionnaires pour invoquer leur témoignage, et ils refusaient d'entendre ces témoins quand on exigeait d'eux qu'ils prêtassent le serment *more judaïco.*

Et ces derniers, après avoir juré selon la formule hébraïque, déposaient contre ceux qui les avaient appelés en témoignage, sous la foi du serment ordinaire.

N'était-il pas honteux, comme on disait alors, de voir des gens qui n'attachaient aucun prix à un serment quand il n'était pas prêté suivant leur religion, et qui ne se considéraient pas comme parjures quand ils faisaient de fausses affirmations selon un rite étranger?

Les tribunaux fortement hiérarchisés de l'Empire, suivirent la décision ministérielle du 26 octobre 1806.

La question qui semblait résolue par un arrêt de la Cour de Nancy du 15 juillet 1808[1], revint a l'ordre du jour après un arrêt en date du 22 février 1809[2], rendu par la Cour de Turin qui décida que la forme du serment judiciaire devait être la même pour les Juifs que pour les autres Français.

La Cour de Cassation fut appelée à trancher définitivement cette question.

1. *Journal de la Cour de Cassation*, 1809, § 6.
2. *Journal de la Cour de Cassation*, 1809, § 87.

Déjà, par un arrêt du 28 mars 1810, nous la voyons décider que, la religion connue sous le nom de quakérisme, interdisant à ses sectateurs de jurer au nom de Dieu, un quaker peut prêter serment en justice en affirmant sur son âme et conscience[1]. Une note du journal de la Cour précède cet arrêt :

« En rapportant l'arrêt de la Cour de Turin, nous avons fait des vœux pour que la Cour suprême fût appelée à fixer la jurisprudence sur ce point de notre droit public ; ils sont réalisés ; la question a été soumise aux juges régulateurs. La cause de la tolérance religieuse a triomphé. On ne peut qu'applaudir à l'arrêt, et, sans doute, il fera cesser toute controverse. »

Par arrêt du 12 juillet 1810 la Cour de Cassation rejeta le pourvoi contre un arrêt de la Cour Colmar en date du 8 juillet 1809 qui avait ordonné que le serment imposé serait prêté *more judaïco*.

Elle décrétait ainsi la validité et l'obligation du serment *more judaïco* en matière judiciaire.

1. *Journal de la Cour de Cassation*, 1810, 228.

§ XII

Organisation des Synagogues consistoriales.

Pour achever son œuvre d'organisation du culte israélite, après avoir procédé à l'installation des membres du Consistoire central, l'Empereur s'occupa des synagogues consistoriales. La tâche était facile ; ce n'était plus qu'un travail de statistique, et purement géographique.

Du camp impérial de Madrid, le 11 décembre 1808, Napoléon, sur le rapport de son Ministre des Cultes, décrète :

1° Il y aura dans l'Empire treize synagogues juives, et un consistoire attaché à chacune d'elles ;

2° La circonscription des synagogues est arrêtée conformément au tableau annexé au présent décret ;

3° Au moyen de la disposition ci-dessous, le siège de ces synagogues est établi dans les communes de Paris, de Strasbourg, de Wintzenheim, de Mayence, de Metz, de Nancy, de

Trèves, de Coblentz, de Creveld, de Bordeaux, de Marseille, de Turin et de Cazal.

TABLEAU DE CIRCONSCRIPTION des synagogues du culte israélite contenant les communes de leur établissement, les départements auxquels ces communes appartiennent, et les autres départements qui, ayant des Juifs doivent y être réunis aux termes des art. 1 et 2 du règlement sur les Juifs.

NOTA. — Les nombres qui sont sous les noms des villes indiquent la population particulière des Juifs de chaque ville.

Synagogue	Départements	Juifs	Total
Paris 2.733	Allier	5	3.585
	Côte-d'Or . . .	251	
	Ille-et-Vilaine. .	11	
	Finistère. . . .	11	
	Loiret	7	
	Loir-et-Cher . .	10	
	Loire-Inférieure	11	
	Marne	2	
	Nord.	166	
	Pas-de-Calais. .	63	
	Seine	2.733	
	Seine-Inférieure.	47	
	Seine-et-Marne .	132	
	Seine-et-Oise . .	95	
	Somme.	14	
	Yonne	27	

Consistoire	Départements		Total
Strasbourg 1.476	Bas-Rhin. . . .		16.155
Vintzenheim 536	Léman.	80	10.000
	Haut-Rhin . . .	9.915	
	Haute-Saône . .	5	
Mayence 1.264	Mont-Tonnerre.		11.122
Metz 2.400	Ardennes. . . .	11	6.157
	Moselle.	6.306	
Nancy 739	Doubs	86	4.466
	Haute-Marne . .	41	
	Meurthe	3.289	
	Meuse	405	
	Vosges.	345	
Trèves 261	Forêts	79	3.553
	Sambre-et-Meuse	2	
	Sarre	3.472	
Coblentz 342	Rhin-et-Moselle.		4.063
Creveld 160	Dyle.	56	6.218
	Escaut.	56	
	Jemmapes . . .	20	
	Lys	3	
	Meuse-Inférieure	490	
	Deux-Nèthes . .	49	
	Aurthre	97	
	Roër.	5.447	

Consistoire	Département	Population	Total
Bordeaux 2.131	Aude	4	3.713
	Charente. . . .	8	
	Charente-Inférre	70	
	Dordogne . . .	1	
	Haute-Garonne.	107	
	Gironde	2.131	
	Landes.	1.198	
	Puy-de-Dôme. .	38	
	Basses-Pyrénées	127	
	Haute-Vienne. .	29	
Marseille 440	Alpes-Maritimes	303	2.257
	Gard.	425	
	Hérault	141	
	Isère.	4	
	Rhône	67	
	Bouches-du-Rhône	942	
	Var	14	
	Vaucluse. . . .	631	
Turin 1.450	Pô.	1.170	2.614
	Stura	904	
Casal 790	Doire	98	2.929
	Gênes	84	
	Marengo. . . .	1.801	
	Montenotte. . .	456	
	Sesia.	490	

Total de la population juive. . . 77.162

CHAPITRE IV

La deuxième loi d'exception contre les Juifs.

En même temps qu'il mettait la main sur le culte israélite, Napoléon organisait la société juive, afin de lui enlever toute sa force nocive. Comme nous l'avons vu, le jour même où paraissaient les décrets concernant l'exécution du règlement du 10 décembre 1806, et relatifs à l'organisation du culte, l'Empereur en promulguait un troisième concernant la police des Juifs.

Avant d'aborder l'étude de ce décret, qui vise particulièrement les usuriers juifs, il nous paraît utile de dire quelques mots sur les efforts tentés par Napoléon pour réprimer l'usure, et sur la loi qu'il édicta le 3 septembre 1807. Cette loi fut faite pour tous les Français en général ; mais elle regardait plus spécialement un grand nombre d'Israélites qui pratiquaient ouvertement ou clandestinement l'usure. « Il importe, disait M. de Champagny, de définir le délit d'usure. Il faut que la loi le reconnaisse, pour qu'il soit possible de lui appliquer des remèdes véritablement efficaces. Car l'usure gagne les départements où il n'y a pas de Juifs[1]. »

§ I.

Répression de l'usure et loi du 3 septembre 1807.

La légitimité du prêt à intérêt, débattue pendant des siècles, fut admise par un décret de l'Assemblée constituante des 3-12 octobre 1789. Un décret de la Convention nationale des 11-16 avril 1793, interdit le commerce de l'or et de l'argent, mais il fut abrogé le 6 floréal an III (25 avril 1795).

Cette abrogation fut elle-même rapportée par un nouveau décret de la Convention du 2 prairial an III (31 mai 1795). Mais une loi

1. Rapport du Ministre de l'Intérieur à Napoléon. 9 avril 1807. Arch. nat. S. Secr. AF IV. 300 dr 2151.

du 5 thermidor an IV (23 juillet 1796) proclama de nouveau la liberté du prêt à intérêt.

« A dater de la publication de la présente loi, dit l'art. 1er, chaque citoyen sera libre de contracter comme bon lui semblera : les obligations qu'il aura souscrites seront exécutées dans les termes et valeurs stipulés. »

Durant cette période, l'usure fit des ravages considérables, principalement dans certaines régions, comme l'Alsace, où nous avons vu les Juifs exercer leur scandaleux trafic.

Dans le projet de Code civil, l'article 34, relatif au prêt, était ainsi conçu :

Le taux de l'intérêt est déterminé par des lois particulières. L'intérêt qui aura été stipulé à un taux plus fort sera réduit conformément à la loi. Si l'intérêt a été payé au-dessus du taux légitime, l'excédent sera imputé, année par année, sur le capital qui sera réduit d'autant. Ces dispositions ne s'appliquent pas aux négociations commerciales.

Discuté au Conseil d'Etat dans la séance du 7 pluviôse an XII, ce texte fut l'objet de vives discussions. La liberté absolue du taux de l'intérêt avait pour défenseurs MM. Regnault de Saint-Jean d'Angely, Treilhard et Bérenger, pour adversaires, Malleville et Tronchet.

L'article 34 du projet qui est devenu l'article 1907 du Code civil fut finalement voté avec la rédaction qu'il devait conserver :

L'intérêt est légal ou conventionnel. L'intérêt légal est fixé par la loi. L'intérêt conventionnel peut excéder celui de la loi toutes les fois que la loi ne le prohibe pas. Le taux de l'intérêt conventionnel doit être fixé par écrit.

Ainsi, les rédacteurs du Code civil renvoyaient à des lois particulières la fixation du taux de l'intérêt. « La loi, disait M. Gallé, conseiller d'État et orateur du gouvernement, dans la séance du Corps législatif du XI ventose au XII (2 mars 1804), devant se régler sur les circonstances qui changent et qui varient, elle ne peut être invariable. Le même orateur s'exprimait ainsi au sujet des Juifs :

« Puffendorff dit qu'il était défendu de prêter à usure de Juif à Juif pour deux raisons politiques, l'une tirée du naturel de ce peuple, l'autre de la

Constitution du gouvernement ; mais qu'il lui était permis de mettre en usage toute leur adresse dans le commerce à l'égard des étrangers... D'ailleurs, en ce temps-là, tous les revenus des Israélites se tiraient du bétail, de l'agriculture ou du travail des artisans. Le commerce y était aussi fort simple et fort petit, les secrets du négoce et l'usage de la navigation ne leur étant pas encore connus comme ils l'étaient chez les nations voisines. »

Sous la législation du Code civil, les parties ont donc été libres de fixer, comme elles l'ont voulu, l'intérêt de l'argent, et même de stipuler l'intérêt des intérêts.

Cette disposition n'était pas sans causer de vives alarmes aux personnes animées de l'amour du bien public, et M. Boutteville dans son rapport au Tribunat à la séance du 16 ventôse an XII (7 mars 1804) exposa leurs doléances :

Si la loi déclare solennellement aux prêteurs qu'ils peuvent porter aussi haut qu'ils le voudront l'intérêt des capitaux qui leur seront demandés, qui les empêchera d'abuser des besoins, de l'infortune de l'emprunteur, et de stipuler un intérêt de

30, 50, de 100 pour cent lorsque la position de ce dernier le réduira à la cruelle nécessité d'y souscrire ? Et si des conventions aussi scandaleuses, d'aussi énormes, d'aussi effrayantes usures ne craignent pas de se produire devant les tribunaux, les juges ne seront-ils pas forcés par la loi même, ne liront ils pas dans ses dispositions le devoir de maintenir et de faire exécuter ces coupables stipulations ? Eh ! quels débordements ne seront pas ceux de l'usure ? Quelles plaies ne portera-t-elle pas à la morale et à la fortune publique, du moment qu'elle se sentira autorisée par de tels exemples, par la loi-même ! »

L'orateur essaye bien de rassurer les inquiétudes des gens de bonne foi et rappelle la sage précaution prise par la loi en exigeant que le taux de l'intérêt conventionnel soit fixé par écrit ; mais : « ces vampires qui abusent de la misère de l'infortune, ce n'est pas au grand jour qu'ils destinent les honteuses spéculations par lesquelles ils préparent la ruine de leurs victimes ; ce n'est pas à la face des tribunaux qu'ils réclament le paiement des scandaleuses, des effrayantes usures qu'ils se permettent. C'est dans l'ombre et loin des yeux du public qu'ils consacrent leurs iniquités, et s'en assurent les fruits. »

Ces doléances étaient justes et bien fondées ; les abus chaque jour plus nombreux le prouvaient manifestement. L'Empereur, alors, se décida à réglementer le prêt à intérêt et à frapper les usuriers.

Le 25 août 1807, MM. Jaubert, Bérenger et Pelet présentèrent au Corps Législatif la rédaction suivante :

Art. 1er. — L'intérêt conventionnel ne pourra excéder en matière civile 5 p. 100, ni en matière de commerce 6 p. 100, le tout sans retenue.

Art. 2. — L'intérêt légal sera, en matière civile, de 5 p. 100, et en matière de commerce de 6 p. 100 aussi sans retenue.

Art. 3. — Lorsqu'il sera prouvé que le prêt conventionnel a été fait à un taux excédant celui qui est fixé par l'article 1er, le prêteur sera condamné par le tribunal saisi de la contestation, à restituer cet excédent s'il l'a reçu, ou à souffrir la réduction sur le principal de la créance, et pourra même être renvoyé, s'il y a lieu, devant le tribunal correctionnel pour y être jugé conformément à l'article suivant.

Art. 4. — Tout individu qui sera prévenu de se

livrer habituellement à l'usure sera traduit devant le tribunal correctionnel, et, en cas de conviction, condamné à une amende qui ne pourra excéder la moitié des capitaux qu'il aura prêtés à usure.

S'il résulte de la procédure qu'il y a eu escroquerie de la part du prêteur, il sera condamné, outre l'amende ci-dessus, à un emprisonnement qui ne pourra excéder deux ans.

Art. 5. — Il n'est rien innové aux stipulations d'intérêts par contrats ou autres actes faits jusqu'au jour de la publication de la présente loi.

L'exposé des motifs de la section du Tribunat, sur le projet de loi relatif à l'intérêt de l'argent, fut fait à la séance du Corps législatif du 3 septembre 1807 par M. Goupil-Préfeln.

A cette époque, le Tribunat ne délibérait plus sur les projets de loi en Assemblée générale. Chaque projet était communiqué à la section que la matière regardait. Elle arrêtait son vote en bureau, et nommait dans son sein une Commission qui devait le porter devant le Corps législatif, on ne faisait donc plus de rapports ; tout se réduisait à l'exposé des motifs du vote.

Dans cet exposé, M. Goupil-Préfeln s'éleva

avec vivacité contre un abus qui devenait un scandale, qui altérait le crédit public et particulier, qui ruinait le commerce et l'agriculture, le propriétaire et l'artisan.

« Le moment est venu, disait-il, de comprimer par une loi juste et sévère, ces hommes éhontés, dont quelques-uns ont eu l'impudeur de se présenter aux audiences des tribunaux et réclamer publiquement des intérêts stipulés à un taux plus que quadruple de l'intérêt légal devant des magistrats qui, non seulement ont gémi d'être dépourvus de tout moyen de répression, mais qui n'ont pu se dispenser de prononcer la condamnation.

Cette loi rassurera les propriétaires paisibles, les commerçants probes et les capitalistes honnêtes, qui ne craindront plus que l'usure n'engloutisse la fortune de leurs débiteurs.

Si l'on objecte que la loi pourra être éludée, pourquoi ne pas dire qu'il ne faut ni lois de police, ni lois criminelles parce qu'elles ne préviennent pas tous les délits et qu'elles n'atteignent pas tous les coupables.

Quelques usuriers incorrigibles travailleront

peut-être encore dans l'ombre; mais s'ils n'abandonnent pas cet odieux trafic, ils seront tôt ou tard indiqués par la voix publique poursuivis et jugés; les exemples inspireront la crainte d'un châtiment inévitable. »

Le même jour, le Corps législatif décrétait le projet à la majorité de 226 voix contre 23.

La loi fut promulguée le 13.

Sept ans plus tard, au moment où la fortune de l'Empereur et de la France s'abîmait dans les désastres, il se produisit une certaine relâche dans l'exécution de cette loi de 1807. Deux décrets parurent successivement, l'un le 15 juillet 1814, l'autre, le 15 du même mois, le premier statuant que jusqu'au 1er janvier 1815, les prêts sur dépôt de marchandises pourront être faits par toute personne avec entière liberté aux prêteurs comme aux emprunteurs de déterminer la quotité de l'intérêt; le second, suspendant jusqu'au 1er janvier 1815 la disposition de la loi du 3 septembre 1807 qui fixe l'intérêt de l'argent en matière civile et commerciale.

Comme on le voit, ce n'est là qu'une mesure

provisoire, impérieusement exigée par l'état malheureux de la nation. La loi rentre en vigueur à partir de 1815.

§ II

Mesures de police contre les Juifs.

Nous arrivons enfin à cette fameuse loi d'exception du 17 mars 1808 que les Juifs ont toujours reprochée à l'Empereur. Elle est, en effet, contraire à tout principe de droit, à tout sentiment d'humanité, puisqu'elle met toute une classe de citoyens hors la loi sans faire aucune distinction entre les honnêtes gens et les voleurs.

Cette loi de circonstance n'a même pas pour excuse d'avoir été élaborée d'une façon accidentelle. Elle fait partie d'un plan depuis longtemps arrêté dans l'esprit de l'Empereur. Pendant deux ans, elle a été l'objet des préoccupations constantes de Napoléon, comme en témoignent les travaux préparatoires.

1. — *Travaux préparatoires du Décret du 17 Mars 1808.*

Nous avons vu comment le Conseil d'État, tremblant devant les menaces et les colères de l'Empereur, lui accorda provisoirement le décret du 30 mai 1806, qui défendait aux Juifs faisant l'usure de prendre, pendant dix ans, hypothèque sur les biens de leurs débiteurs. Sitôt armé de ce décret, Napoléon chez qui, suivant l'expression de Madame de Staël, tout était moyen ou but, l'involontaire ne se trouvant nulle part, ni dans le bon ni dans le mal, avait résolu de parachever son œuvre contre les Juifs.

Dès le 8 juillet 1806, Portalis, consulté à ce sujet, lui expose son plan de réforme[1] :

Il est réservé, Sire, à votre Majesté, de corriger les erreurs de la politique, d'arrêter les abus sans persécuter les personnes, et de prévenir par une sage police, la malheureuse nécessité de recourir un jour à ces moyens extrêmes qui ramènent vio-

1. Rapport de Portalis à Napoléon. 8 juillet 1806. Arch. nat. S. Secr. AF IV. 300. dr 2151.

lemment le bon ordre et qui affligent toujours l'humanité...

...La clandestinité étant le caractère et la sauvegarde de l'usure, il faut que les Juifs ne puissent prêter qu'avec la plus grande publicité possible.

En France, une déclaration du 24 mars 1733, défendait aux Juifs de prêter par simples billets ou obligations passées sous signature privée. Dans ce moment, on pourrait indiquer l'intervention d'un juge de paix ou celle d'un notaire dans les prêts faits par les Juifs à des cultivateurs ou des habitants des campagnes...

Le cumul de l'intérêt avec le principal dans une même obligation est la base du système usuraire.

Il faut soumettre les Juifs a affirmer que les sommes qu'ils prêtent ne renferment d'avance aucune espèce d'intérêt ; il faudra exiger encore la réelle numération des espèces...

Il doit être entièrement prohibé aux Juifs de prêter à des mineurs non marchands, à des fils de famille qui ne font pas le commerce et qui sont encore sous la puissance d'autrui, enfin à des femmes mariées, non marchandes publiques.

Les Juifs qui ne sont pas propriétaires ne devraient pouvoir acquérir aucun droit d'hypothèque sur les biens de leurs débiteurs. Les prêts faits à des cultivateurs ou à des habitants des campagnes, n'étant presque jamais pour de longs termes, le

Juif prêteur ne devrait jamais avoir pour gage que la récolte pendante...

Sous prétexte que les Juifs jouissent constitutionnellement de tous les droits attachés à la qualité de citoyen, une multitude de Juifs étrangers qui ne sont point nés en France, et qui n'y ont aucun domicile proprement dit, inondent la France et écrasent nos campagnes par leurs criantes exactions. On dirait que la seule qualité des Juifs équivaut à des lettres de naturalité, tandis que nous soumettons les autres étrangers à des formes et à des épreuves sans lesquelles ils ne seraient jamais réputés français...

Un Juif ne doit pouvoir devenir Français, qu'autant qu'il devient propriétaire ou qu'il fait un établissement de commerce. ou qu'il exerce un métier, ou qu'il s'adonne à l'agriculture en prenant des baux, ou en se livrant à d'autres opérations agricoles, ou enfin qu'autant qu'il sert dans nos armées.

Dans toutes ces hypothèses, on aperçoit les liens qui attacheront le Juif étranger à la nouvelle patrie qu'il veut se donner.

Il est essentiel que les Juifs soient obligés d'envoyer leurs enfants dans nos écoles; c'est là qu'ils apprendront à travailler, à reconnaître une patrie, et à la servir.

Les rabbins sont les docteurs de la loi judaïque,

leur choix intéresse le public ; ils ne doivent donc pouvoir exercer aucune fonction sans avoir été confirmés par Votre Majesté. Un règlement sur l'élection des rabbins est indispensable.

Aucun Juif étranger ne doit pouvoir venir se domicilier en France sans s'être présenté à la police locale, qui veillera à ce que les Juifs s'établissent plutôt dans nos cités que dans nos campagnes.

Pour avoir des renseignements précis, l'Empereur s'adresse encore au maréchal Kellermann, et ce dernier apporte son opinion sur la situation et sur les mesures à prendre pour y remédier :

Pour[1] arrêter le cours de ce fléau, conclut-il, et l'empêcher de se reproduire, il est essentiel de forcer tous les juifs qui n'ont pas de propriété, ou un commerce bien établi, de s'adonner aux arts et métiers, à l'agriculture ou à travailler soit dans les manufactures, soit toute autre part, et d'expulser sans miséricorde des États de l'Empire ceux qui, ne voulant pas se livrer à un travail honnête

1. *Note particulière à S. M. sur les Juifs d'Alsace*, par le maréchal Kellermann, 28 juillet 1806. Arch. nat. s. sec. AF. IV. 300 dr 2151.

continueraient l'infâme trafic de l'usure. Il est essentiel aussi de surveiller l'éducation de la génération future de la race judaïque, afin que les enfants élevés dans de meilleurs sentiments se conduisent à l'avenir mieux que leurs pères.

Le Ministre de l'Intérieur, M. de Champagny, est appelé à donner, lui aussi, son avis sur cette question juive qui a fixé l'attention de l'Empire tout entier. Pour lui, des lois particulières contre les Juifs ne peuvent être que dangereuses, car elles les exciteraient encore au délit d'usure par une défiance trop marquée et confirmeraient à l'égard de la classe entière des Israélites, des préventions qu'il est utile de détruire, en signalant aux yeux du public tous les Juifs comme suspects d'usure à cause de leur seule qualité de Juif. De plus, ces lois sont iniques, car l'équité prescrit que l'usurier chrétien soit puni comme l'usurier Juif; et il y a malheureusement des exemples de l'un comme de l'autre. D'ailleurs, la cause principale qui a propagé le vice d'usure parmi les Juifs se trouve dans les vices mêmes de la législation qui, leur interdisant l'acquisition et la jouissance de la propriété, le travail des exploitations rurales, l'exercice des arts libéraux et l'entrée des corporations d'arts et métiers, les réduit presque toujours à ne trouver des ressources que dans ce honteux trafic. Le remède le plus efficace, quoique le plus lent pour éloigner les Juifs de l'usure est de les pousser vers les professions utiles par le moyen de l'instruction et de l'éducation des enfants[1].

Ce sage programme du Ministre de l'Intérieur ne rentre pas dans les idées de Napoléon, et M. de Champagny comprend bientôt, qu'il est nécessaire pour lui d'abandonner ces idées nobles et généreuses. C'est dans un nouvel esprit qu'il élabore un nouveau rapport, le 9 avril 1807, rapport qui cette fois répond mieux aux vues de Napoléon[2].

Le ministre proclame la nécessité de prendre des mesures réglementaires pour arrêter les

1. Rapport de M. de Champagny à Napoléon. 20 août 1806. Arch. nat. s. secr. AF IV. 300 dr 2151.

2. Lettre de M. de Champagny à Napoléon, 9 avril 1807. Arch. nat. s. secr. AF. IV. 300 dr 2150.

désordres qui trouvent leur origine dans les habitudes de certains Juifs. Il propose d'interdire toute espèce de trafic à tous les Juifs qui auront abusé de la faculté laissée par les lois. Les Juifs étrangers ne pourront trafiquer en France, que s'ils ont justifié de leurs moyens et de leurs désirs de le faire honnêtement. Selon lui, il faut prendre des précautions particulières pour les billets souscrits par des cultivateurs, des ouvriers, des journaliers, des gens à gage, des femmes et des mineurs. Enfin, il faut limiter pour les Juifs la faculté d'inscription hypothécaire, dont quelques-uns d'entre eux ont tant abusé.

Comme mesures accessoires, il serait bon de défendre aux Juifs de tenir leurs livres, de signer leurs créances en caractères hébraïques. Quelle sera la forme à donner à ces dispositions ? Fidèle exécuteur des volontés du maître[1], le Ministre propose de fixer les mesures à prendre par un décret, après avis du Conseil d'Etat, dans les mêmes formes que le

1. Voir *Correspondance de Napoléon Ier*. Lettre à M. Champagny. 29 novembre 1806.

décret du 30 mai 1806. Toute autre autorité est inutile pour arrêter des mesures de police établies pour un certain temps.

« Les mesures à prendre contre les Juifs, écrit-il, assujétissent les commerçants de cette nation à des entraves qui ne sont point imposées aux autres Français ; elles sont, sous ce point de vue, une exception aux lois générales ; mais la loi du 17 ventôse que j'ai consultée ne s'oppose pas à ces dispositions. Comme elles ne changent ni l'état politique, ni l'état-civil des Juifs, elles ne m'ont pas paru devoir être la matière d'un sénatus-consulte ou d'une loi proprement dite, mais elles semblent appeler le concours du Conseil d'Etat. »

Telles sont les nouvelles conceptions de M. de Champagny.

Non seulement elles sont en contradiction avec les premières, mais elles dépassent sensiblement la mesure. Ne va-t-il pas même jusqu'à proposer de ne présenter à l'Empereur pour leur nomination à certaines places que les Israélites des départements où les deux tiers au moins des conscrits Juifs, appelés à servir, auront accompli ce service par eux-mêmes ou par des remplaçants de leur culte?

Sur un certain nombre de points, il trouve un contradicteur dans l'archi-chancelier, qui envoie à l'Empereur les observations suivantes:

Il est très difficile de trouver des mesures pour former les Juifs plus particulièremrnt que les autres citoyens à satisfaire aux lois sur la conscription.

Le Ministre de l'Intérieur avait proposé d'exclure de toutes les présentations qui sont faites à Sa Majesté par ses Ministres, les Juifs des départements où les deux tiers de ceux d'entre eux qui sont appelés à la conscription ne feraient pas le service en personne, ou ne se feraient pas remplacer par des coreligionnaires.

Cette mesure n'eût pas assez frappé l'universalité des esprits: la masse des Juifs marque peu d'empressement pour arriver aux fonctions publiques.

D'ailleurs, on imposait aux Juifs une obligation qu'il ne leur eût pas toujours été possible de remplir. Comme la conscription se lève sur toute la classe des citoyens du même âge, sans distinction entre Juifs et Chrétiens, et que les individus appelés sont désignés par le sort, il pouvait arriver que, dans un département, le sort tombât sur presque tous les Juifs, et qu'il ne restât plus de remplaçant du même lieu et du même culte.

Enfin, la discussion a appris que l'obstination des Juifs n'est pas, à beaucoup près, générale. Si, d'après les renseignements qui ont été donnés au Conseil par le directeur de la conscription, sur 66 Juifs qui, dans un laps de six ans, devaient faire partie du contingent de la Moselle, aucun n'est entré dans les armées, cette année même, 14 Juifs de Bordeaux sont partis.

Dans ces circonstances, le Conseil a été d'avis qu'on devait se borner à faire connaître par des instructions et par des circulaires les intentions de Sa Majesté à cet égard[1].

Les Commissaires de Napoléon, pour traiter les affaires des Juifs proposent dans leur rapport une réglementation à peu près semblable à celle de Champagny (mars 1807). Elle est conforme aux désirs manifestés par l'Empereur. « En vain, dira-t-on que c'est isoler encore les Juifs et en faire une classe à part ; ce sont les habitudes, les mœurs des Juifs qui les séparent des autres hommes, le gouver-

1. *Procès-Verbaux*. Arch. Nat. AF IV 300, d^r 2151.

nement ne tend qu'à les empêcher d'être nuisibles, aussi longtemps qu'ils n'entreront pas en communauté de sentiments et d'intérêts avec le reste des Français. Aussi, loin d'opprimer une secte, on ne fera que surveiller, que contenir les hommes qui n'auront pas cessé d'être dangereux. Votre Majesté doit sans doute protection aux Juifs, mais elle doit justice à tous ses sujets[1]. »

Le Conseil d'État auquel sont soumises toutes ses propositions donne alors le triste spectacle de discussions oiseuses et inutiles ; les intérêts politiques passent au premier plan. Le Conseil comprend toute l'injustice des mesures exceptionnelles qui vont être prises ; mais par timidité, par craindre d'offenser les vues du maître, il n'ose protester. C'est en vain qu'il tente d'échapper à une responsabilité qui sera lourde, en repoussant les mesures qui lui semblent le plus saugrenues (arrêts des 9 et 13 juin 1807). Il tergiverse, hésite, finalement se laisse convaincre et se décide à une obéissance passive

1. *Rapport des Commissaires.* Mars 1807. Arch. Nat. S. Secr. AF IV 300, dr 2151.

aux ordres donnés par l'Empereur. Il adopte, dans leur ensemble, toutes les mesures qui lui ont été proposées contre les Juifs.

II. — *Décret du 17 mars 1808 et ses applications.*

Le décret du 17 mars 1808 divise la nation française en deux classes : le peuple juif et le peuple non juif ; celui-ci, non pas libre, car personne ne l'est alors, mais possédant la plénitude des droits civils ; celui-là frappé d'une suspicion permanente de friponnerie et soumis aux inégalités les plus humiliantes.

Ainsi, d'après le droit commun, le prêt fait par des Français à des incapables non autorisés, comme les mineurs et les femmes mariées, est nul, mais la nullité doit être demandée en justice, et l'incapable est tenu à l'égard du prêteur dans la mesure de son enrichissement. Il n'en est pas de même pour les Juifs ; ils sont, en ce qui concerne le prêt fait à des incapables, soumis à une législation particulière. La classe des incapables est augmentée à leur égard ; les militaires sont mis sur le même rang que les mineurs et les femmes mariées ; et les contrats faits avec ces incapables sont considérés comme inexistants.

« Tout engagement pour prêt fait par des Juifs à des mineurs sans l'autorisation de leur tuteur, à des femmes sans l'autorisation de leur mari, à des militaires sans l'autorisation de leur capitaine si c'est un soldat ou un sous-officier, du chef de corps si c'est un officier, est nul de plein droit, sans que les porteurs ou concessionnaires puissent s'en prévaloir et les tribunaux autoriser aucune action ou poursuite. » (Art. 3.)

Bien plus, aucun Juif ne peut prêter sur nantissement à des domestiques ni gens à gage ; il ne peut prêter sur nantissement à d'autres personnes qu'autant qu'il en est dressé acte par un notaire, lequel certifie dans l'acte que les espèces ont été comptées en sa présence et celle des témoins, à peine de perdre tout droit sur les gages dont les tribunaux et cours peuvent en ce cas ordonner la restitution gratuite. (Art. 14.)

Les Juifs, ne peuvent sous les mêmes

peines, recevoir en gage les instruments, ustensiles, outils et vêtements des ouvriers, journaliers et domestiques. (Art. 15.)

Tandis que l'acte souscrit en faveur d'un Français non Juif ou même étranger fait pleine foi de ce qu'il renferme, s'il est authentique, ou si, étant sous signature privée, il est reconnu de celui auquel on l'oppose, le débiteur ne peut en arrêter l'exécution que par des exceptions dont la preuve lui incombe. Pour les Juifs, il en est autrement; il faut, alors même que le débiteur reconnaît son écriture et confesse qu'il a réellement souscrit l'obligation qu'on lui présente, qu'ils prouvent que la valeur en a été fournie entière et sans fraude. (Art. 14.)

Cette disposition a un effet rétroactif. (Art. 13.) Elle s'applique aux lettres de change, billets à ordre, obligations, promesses souscrites par un non commerçant au profit d'un Juif. Ainsi, le débiteur demandeur en nullité de la créance usuraire est affranchi de l'obligation de prouver l'usure dont il se plaint ; c'est au Juif défendeur à cette action à prouver que la créance n'est pas usuraire : il doit apporter, par conséquent, une preuve négative. L'Empereur veut qu'on regarde les uns comme d'honnêtes citoyens, à moins qu'on établisse qu'ils ne méritent pas ce titre ; les autres sont réputés fripons, jusqu'à preuve contraire ; le droit commun pour les uns devient l'exception pour les autres.

Relativement à l'usure et à l'anatocisme, les Juifs sont soumis à un droit particulier. Toute créance dont le capital est aggravé d'une manière patente ou cachée par l'accumulation d'intérêts à plus de cinq pour cent, doit être réduite par les tribunaux. Si l'intérêt réuni au capital excède dix pour cent, la créance est déclarée usuraire, et, comme telle, annulée (art. 5).

Pour les créances légitimes et non usuraires, les tribunaux sont autorisés à accorder aux débiteurs des délais conformes à l'équité (art. 6).

Tandis que le Français non Juif, coupable d'usure, n'est puni que des peines portées au Code pénal, le Français juif est, en outre, frappé d'une sorte de mort commerciale. Le premier, en effet, peut en payant, obtenir une patente, et se livrer à tel commerce qu'il lui plaît d'embrasser; le Juif ne peut se livrer à aucun commerce, négoce ou trafic quelconque, sans avoir reçu, à cet effet, une patente, laquelle n'est accordée que sur des informations précises et un certificat : 1° du Conseil municipal constatant que le Juif ne s'est livré ni à l'usure, ni à un trafic illicite; 2° du Consistoire de la synagogue dans la circonscription de laquelle il habite, attestant sa bonne conduite et sa probité (art. 7). Cette patente doit être renouvelée tous les ans (art. 8) et les procureurs généraux près les cours sont chargés de faire révoquer les dites patentes par une décision spéciale de la Cour, toutes les fois qu'il est à leur connaissance qu'un Juif patenté fait l'usure ou se livre à un trafic frauduleux.

Tout acte de commerce fait par un Juif non patenté, est nul et de nulle valeur (art. 10).

Il en est de même de toute hypothèque prise sur des biens par un Juif non patenté, lorsqu'il est prouvé que la dite hypothèque a été prise pour une créance résultant d'une lettre de change ou pour un fait quelconque de commerce, négoce ou trafic.

En un mot, si un Juif veut se livrer au commerce, le gouvernement se réserve le droit d'accorder, de refuser, ou de retirer la patente à son gré.

Quant aux contrats ou obligations souscrits au profit d'un Juif non commerçant, pour des causes étrangères au commerce, négoce ou trafic, ils peuvent être révisés par suite d'une enquête des tribunaux. Le débiteur est admis à prouver qu'il y a usure ou résultat d'un trafic frauduleux et si la preuve est acquise, les créances sont susceptibles soit d'une réduction arbitrée par les tribunaux, soit d'annulation si l'usure excède dix pour cent.

Tout Français non Juif peut établir son domicile partout où il le juge convenable. Le Français Juif, au contraire, est pour ainsi dire immobilisé ; il est attaché à certains départements dont il ne peut sortir sans une autorisation spéciale, comme il ne pouvait autrefois sortir du lieu où l'avait attaché son seigneur.

Aucun Juif non actuellement domicilié dans

les départements du Haut et du Bas-Rhin, n'est désormais admis à y prendre domicile.

Aucun Juif non actuellement domicilié, n'est admis à prendre domicile dans les départements de l'Empire que dans le cas où il y aurait fait l'acquisition d'une propriété rurale, et se livrerait à l'agriculture sans se mêler d'aucun commerce ou négoce.

Il ne peut être fait d'exception à ces dispositions sans une autorisation spéciale émanant de l'Empereur.

Enfin, pour que rien ne manque à ce code d'inégalité, l'impôt du sang n'est pas le même pour les Israélites que pour les autres Français. La population Juive n'est point admise à fournir des remplaçants pour la circonscription ; en conséquence, tout Juif conscrit est assujetti au service militaire.

A compter de la publication du présent décret, le sursis prononcé par le décret de 1806, pour le paiement des créances des Juifs est levé (art. 1er).

Ces dispositions doivent avoir leur exécution pendant dix ans.

L'Empereur espère qu'à l'expiration de ce délai, par suite des diverses mesures prises à l'égard des Juifs, il n'y aura plus de différence entre eux et les autres citoyens de l'Empire. Il se réserve le droit, si son espérance est trompée d'en proroger l'exécution pour tel temps qu'il jugera convenable (art. 18).

Les Juifs établis à Bordeaux, et dans les départements de la Gironde et des Landes, n'ayant donné lieu à aucune plainte et ne se livrant à aucun trafic illicite, ne sont pas compris dans les dispositions du décret (art. 19).

Cette loi fut accueillie en Alsace avec un réel enthousiasme. Les maires la firent publier au son du tambour. Dans la commune de Soultz, arrondissement de Strasbourg, des représailles furent même exercées contre la population juive. Le magistrat de sûreté de cet arrondissement dut intervenir. Elle causa au contraire une profonde stupeur parmi les Israélites. Puis la colère fit place à l'étonnement; des protestations éclatèrent de toutes parts. Napoléon lui-même recula devant l'application intégrale de son œuvre, et détruisit une partie de ses effets par des exceptions successives.

Les Juifs de la capitale furent compris dans l'exception faite en faveur de ceux de la Gironde et des Landes par une lettre du Ministre de l'Intérieur, du 26 avril 1808, au préfet de police. Mais la légalité de cette mesure fut contestée. Cette lettre ne parut pas suffisante pour autoriser les juges à ne point appliquer le décret aux Juifs de Paris, bien qu'elle contînt la déclaration expresse que l'Empereur avait entendu les exempter de ses dispositions. Ce n'est pas, disait-on, par une simple lettre émanée des bureaux d'un ministre, lettre non circulaire, non approuvée au Conseil d'État, ni par l'Empereur, adressée seulement à un fonctionnaire en forme d'instruction, qu'il peut être dérogé à un décret impérial, à un acte solennel, à une loi promulguée devenue publique par l'insertion au Bulletin des Lois. C'est donc par un décret impérial seulement, par un acte émané du souverain qu'il peut être dérogé à un autre décret impérial, suivant la règle : *Nihil tam naturale est unum quodque eodem modo dissolvi quo colligatum est.*

On répondait que le décret du 17 mars avait principalement pour but de sévir contre les Juifs de Belgique et d'Alsace ; que si l'Empereur n'avait pas d'abord déclaré qu'il exemptait des rigueurs de ce décret les Juifs établis à Paris, il avait réparé cet oubli en faisant affirmer par son Ministre de l'Intérieur qu'ils étaient compris dans l'exception ; qu'une déclaration consignée dans une lettre émanant d'un Ministre de l'Intérieur devait être considérée comme étant de l'Empereur même, dont le Ministre n'était que l'interprète, qu'il n'en était pas d'un décret impérial comme d'une loi proprement dite : dans un décret la volonté seule de l'Empereur fait le droit ; cette volonté suffit pour le détruire, et il n'est assujetti à aucune règle pour la manifester[1].

Pour faire cesser toute controverse, Napoléon intervint de nouveau, et, par décret impérial du 26 décembre 1813, les Juifs résidant à

1. D. 1809. § 65.

Paris furent exemptés des dispositions du décret du 17 mars 1808.

Le 11 avril 1808, avaient été compris dans la même exemption les Juifs des Alpes-Maritimes, et de treize autres départements : Aude, Doubs, Pô, Seine-et-Oise, Stura, Sesia, Haute-Garonne, Hérault, Marengo, Vosges, Gard, Gênes, Bouches-du-Rhône. Ceux de Livourne jouirent de la même faveur par décret du 17 juin 1808, et ceux des Basses-Pyrénées, par décret du 22 juillet de la même année.

Sauf dans ces départements, les Cours et les Tribunaux appliquèrent sans rigueur, mais avec inflexibilité, le décret du 17 mars ; ils ne voulurent se montrer ni plus indulgents, ni plus sévères que la loi. En vain critiquait-on cette loi, et se plaignait-on de la singularité de ses mesures ; il fallait la suivre. Ses dispositions exceptionnelles prouvaient la grandeur du mal qu'on voulait guérir, la nécessité d'y apporter promptement remède.

Les avocats, dans leurs plaidoiries, flétrissaient l'usure et déploraient les ravages qu'elle avait particulièrement causés depuis la Révolution. Ils mettaient en évidence les efforts que la philosophie et la loi avaient faits de tout temps pour réprimer ce fléau antisocial[1]. Ils rappelaient la législation romaine qui punissait l'usure plus rigoureusement que le vol même : *Majores nostri*, dit Caton, *sic habuere, et ita in legibus posuere, ut cum fures quidem duplici pœna luerent, fœnatores in quadruplum condemnarent.* Ils citaient nos lois qui, avant la Révolution, la punissaient par l'amende honorable, le fouet, la confiscation des biens, le bannissement.

La loi du 3 septembre 1807, fixant le taux de l'intérêt de l'argent, avait bien eu pour but de remédier aux maux effrayants que l'usure avait fait naître de toutes parts ; mais elle était insuffisante pour atteindre les Juifs qui, avides par penchant, rapaces par habitude, on disait même, par religion, trouvaient toujours le moyen d'éluder les prohibitions générales.

Aussi, les tribunaux s'appliquaient-ils à maintenir l'application du décret du 17 mars d'autant plus strictement qu'il formait une légis-

1. D. 1809, § 65.

lation toute particulière, et qu'il y était dérogé formellement à toutes les règles du droit.

La Cour de Cassation fut plus d'une fois appelée à fixer la jurisprudence.

Elle décida d'abord que les engagements pour prêts faits par les Juifs à des mineurs, des femmes ou des militaires, sans l'autorisation de leurs tuteurs, maris ou supérieurs, avant le décret impérial du 17 mars 1808, n'étaient pas compris dans ceux annulés par ce décret[1]. Il n'existait, en effet, aucune disposition qui étendait aux engagements antérieurs l'application de l'article 3, comme il en existait une dans l'article 13, qui portait que l'article 4 serait exécuté pour le passé comme pour l'avenir.

Il fut encore décidé que le décret du 17 mars n'était point applicable à des créances qui, avant la publication de ce décret, étaient devenues l'objet d'une condamnation judiciaire passée en force de chose jugée. Si ces obligations ou créances dérivaient d'un même titre,

1. Cour de Cassation, chambre des requêtes, 7 juin 1810. D. 1810, 298.

elles étaient affranchies, par la totalité, de la preuve prescrite par ce même décret, quoiqu'il n'y ait eu jugement que sur une partie des sommes qui faisaient l'objet de l'obligation[1].

Le décret du 30 mai 1806 portant sursis à l'exécution des jugements rendus au profit des Juifs, fut déclaré n'être point applicable aux jugements rendus postérieurement à sa publication[2].

Le Juif ne pouvait être obligé à justifier une créance sur deux époux communs en biens, lorsque cette créance avait été reconnue par le mari[3].

Le débiteur d'un Juif qui pouvait lui opposer la présomption d'usure aux termes du décret, devait exciper formellement de cette présomption pour que les juges pussent l'appliquer; ils n'étaient pas tenus d'office d'ordonner

1. Cour de Cassation, ch. civile, 4 septembre 1811, D. 477 — Cour de Cassation, ch. civile, 29 juin 1811, D. 285.

2. Cour de Cassation, ch. civile, 2 août 1815, *Journal du Palais*, 1815, page 24.

3. Cour de Trêves, 1 août 1810. S. 1810, 2.320.

au Juif d'établir que la valeur avait été fournie entière et sans fraude[1].

L'article 4 du décret qui ne permettait pas aux commerçants d'opposer aux Juifs l'exception d'usure présumée, était applicable à tous ceux dont les effets étaient réputés effets de commerce notamment aux percepteurs des contributions publiques[2].

Le débiteur d'un Juif, en vertu d'une lettre de change jugée valable et montant à plus de 150 francs, ne pouvait être admis à prouver par témoins les paiements à-compte qu'il prétendait avoir faits[3].

Les Juifs étaient dispensés de prouver qu'ils avaient fourni la valeur des obligations consenties à leur profit par des commerçants lors même que ceux-ci n'étaient que des commerçants en détail[4].

1. Cassation, sect. des requêtes, 7 juin 1810, S. 1809, 1, 196.

2. Cour de Colmar, 20 mars 1810. S. 1809-11, 2-33.

3. Cassation, sect. civile, 5 février 1812, *Journal du Palais*, 1892-96.

4. Cassation, sect. civile. 24 janvier 1815. D. 1815, 1, 230.

La jurisprudence sur d'autres points se montra moins favorable aux Juifs.

Le décret était déclaré applicable aux Juifs étrangers, lors même que l'obligation souscrite en leur faveur par un Français aurait été confectionnée en pays étranger[1].

Les Juifs ne pouvaient obtenir l'exécution d'une obligation souscrite en leur faveur sans prouver que la valeur en avait été fournie entière et sans fraude, lors même que l'obligation était établie par acte authentique[2].

Néanmoins, si l'acte authentique constatait la numération effective des espèces prêtées, le décret impérial n'était point applicable à la créance qui résultait de cet acte[3].

Mais la mention faite dans une obligation notariée que la somme avait été déboursée comptant et nombrée au vu du notaire, ne constatait pas assez formellement la numéra-

1. Cour de Colmar, 18 juin 1811. D. 1811. S 157.

2. Cassation. Chambre des Requêtes. 28 février 1811. D. 1811. 1. 239.

3. Cassation. Chambre des Requêtes. 9 juillet 1811. D. 1811. 331.

tion des espèces pour écarter l'application de l'art. 4 du décret[1].

Les artisans, fabricants, et notamment les boulangers et les aubergistes, étaient censés n'être pas commerçants, et, par conséquent, pouvaient jouir des bénéfices du decret impérial[2].

Le droit accordé au débiteur du Juif d'exiger la preuve que la valeur de l'obligation avait été fournie entière et sans fraude ne lui était pas tellement personnel qu'il ne pût être exercé par ses créanciers aux termes de l'art. 1166 du Code civil. La cour de Colmar avait bien jugé le contraire ; mais elle réforma sa jurisprudence sur ce point[3].

Ce droit pouvait même être invoqué contre le cessionnaire du Juif que contre le Juif lui-

1. Cour de Colmar. 22 avril 1814. D. S. p. 65.

2. Cassation. Ch. des requêtes. 28 février 1811. D. 1811. 239.

Cassation. Ch. civile. 6 décemêre 1815. D. 1816. 114.

Contrat pour les aubergistes : Cour de Trèves. 19 avril 1809. S. 2. 56.

3. Cour de Colmar. 10 janvier 1809. *Journal du Palais*, 1809. p. 307.

Cour de Colmar. 22 avril 1813. D. S. 65.

même. On considérait que le transport n'opérait point novation[1].

Le débiteur pouvait exercer le privilège qui résultait du décret par voie d'action aussi bien que par voie d'exception ; alors que le paiement de l'obligation n'était point exigé, il pouvait demander que son créancier fournît la preuve qu'il avait donné la valeur de l'obligation en entier et sans fraude[2].

Le débiteur d'une lettre de change souscrite au profit d'un Juif, mais passée ensuite à l'ordre d'un individu non juif, pouvait invoquer contre le porteur le décret, sauf à celui-ci à prouver que le débiteur était commerçant à l'époque où il avait souscrit l'obligation[3].

Si de deux débiteurs solidaires d'un Juif, l'un était commerçant et l'autre ne l'était pas, le Juif était obligé de faire à l'égard de tous

1. Cour de Colmar. 8 juin 1810. S. 1809-11. 2. 285.

2. Cour de Colmar. 29 juin 1810. S. 1809-11. 2. 299.

3. Cour de Trèves. 28 avril 1809. *Journal du Palais* 1809. p. 532.

deux la preuve prescrite par l'article 4 du décret[1].

Une obligation consentie au profit d'un Juif quelles qu'en fussent la nature et la forme apparente, pouvait être révisée en vertu du décret, pourvu qu'elle fût étrangère au commerce. Dans ce cas, on pouvait se servir de la preuve testimoniale pour établir l'usure[2].

Telles furent les applications par les cours et les tribunaux du décret du 17 mars, auquel des décrets subséquents vinrent apporter quelques légères modifications.

Un décret impérial du 9 février 1811 fut rendu dans l'intérêt des Juifs étrangers qui s'étaient établis à Livourne et qui y avaient été ballottés et admis par les prud'hommes de la nation juive, lors de la réunion de cette ville à l'Empire. Ils purent jouir sans nouvelles lettres des droits et de la qualité de citoyens français. Mais le registre de ballottage tenu

1. Cour de Colmar. 5 février 1809. *Journal du Palais.* 1809, p. 411.

Cour de Colmar. 19 mars 1811. *Journal du Palais.* 1811. p. 193.

2. Cour de Colmar, *Journal du Palais*, 1811, p. 204.

par les prud'hommes de la nation juive de Livourne fut clos, arrêté et soumis au préfet de la Méditerranée. Le même décret déclara qu'à l'avenir, nul étranger juif ou autre ne pouvait devenir sujet français que par les règles établies par les lois générales de l'Empire. Or, d'après la législation du Code civil, il fallait, pour devenir citoyen français, obtenir la naturalisation ou naître de parents français. La naissance sur le sol ne conférait facultativement la nationalité qu'en faisant soumission de fixer son domicile en France et en venant effectivement y résider. Dans ces conditions, les Juifs indigents ne pouvaient devenir citoyens français, puisque la richesse était une condition de leur établissement sur le territoire de l'Empire.

Par un décret du 11 mars 1810, Napoléon autorisa le Ministre de l'Intérieur à accorder aux villes, comme aux départements, des exceptions au décret du 17 mars 1808.

Un décret rendu le 9 juillet 1812 abrogea l'article 17 du décret du 17 mars qui interdisait aux Juifs de fournir des remplaçants pour la conscription et les astreignait ainsi au service militaire obligatoire ; ils purent, dès lors, se faire remplacer par leurs coreligionnaires.

Avec toutes ces restrictions, le décret subsista jusqu'à la fin de l'Empire. Il ne fut même pas aboli par la Charte. Mais il fut, il est vrai, vivement attaqué comme inconstitutionnel devant les tribunaux par les Juifs auxquels on l'opposait encore.

La Constitution de l'an VIII n'attribuait le droit de faire des lois qu'au Corps législatif, et le sénatus-consulte du 28 floréal an XII, en donnant à Bonaparte le titre d'Empereur, ne lui confiait nullement la puissance législative. Or, disait-on, le décret de 1808 est une véritable loi qui change l'état des Juifs, qui abroge à leur égard ce principe consacré dans toutes les constitutions qu'a reçues la France, savoir que tous les Français sont égaux devant la loi ; il déroge envers eux à l'article 8 du Code civil qui porte que tout Français jouira des droits civils. Puisqu'il est inconstitutionnel, ajoutait-on, non seulement d'après la Charte qui a consacré que tous les Français sont égaux devant la loi, mais encore d'après les lois qui existaient à l'époque où il a été porté, il faut décider qu'il est sans force, tant à l'égard des obligations antérieures à la Charte qu'à l'égard de celles qui ont été souscrites postérieurement ; car si ce décret a été appliqué pendant quelque temps par les tribunaux, c'est qu'on était alors forcé d'obéir à celui qui en était l'auteur. Du moment que le règne de l'oppression a pris fin, ce décret est censé n'avoir jamais existé, et les lois rendues dans les formes constitutionnelles qui existaient avant la Charte, doivent seules être consultées s'il s'agit d'une obligation antérieure.

L'art. 68 de la Charte maintenait bien les lois existantes au moment où l'autorité royale avait été rétablie ; mais on disait que c'étaient celles-là seulement qui n'étaient pas contraires à la présente Charte. Or, lorsqu'une loi positive et solennelle qui n'était pas en harmonie avec les principes établis par la Charte, ne pouvait plus être invoquée, à plus forte raison en devait-il être de même d'un simple décret qui n'émanait que du chef de l'ancien gouvernement.

Dans l'opinion contraire, on soutenait que les Juifs avaient, de tout temps, été soumis à une législation particulière ; que le chef du Gouvernement, en 1808, avait bien pu remettre en vigueur les anciennes lois qui les concernaient en les appropriant à l'état actuel des choses ; qu'il n'avait point dépassé les bornes du pouvoir que les lois constitutionnelles lui attribuaient, qu'ainsi le décret du 17 mars devait encore être considéré comme une loi ou un règlement maintenu par l'art. 68 de la Charte, et continuer à recevoir son application jusqu'à ce qu'il ait été rapporté par des dispositions formelles.

La Cour de Cassation apportant à cette opinion sa haute consécration, décida le 23 janvier 1817, qu'on pouvait se prévaloir du décret du 17 mars 1808, même malgré la renonciation qu'on y aurait faite dans l'acte constitutif de créance[1].

1. Chambre des requêtes, 23 janvier 1818. D. 1817. 366.

Le jugement du tribunal de Weissembourg, du 29 novembre 1815, qui avait donné lieu à cet arrêt ordonnait à deux Juifs de prouver qu'ils avaient fourni la valeur entière et sans fraude du montant d'une créance, alors que le débiteur avait renoncé, par acte, à jamais exciper du décret du 17 mars 1808 concernant les créances des Juifs.

La Cour de Cassation estima, en cette circonstance, que les dispositions de l'art. 4 du décret intéressaient l'ordre public, les bonnes mœurs, étaient de celles auxquelles, d'après l'art. 6 du Code civil, il ne pouvait être dérogé par des conventions particulières.

Le 25 juin 1817, la Cour rejeta le pourvoi, contre un arrêt de la Cour de Metz du 26 janvier 1816 qui déclarait que le décret du 17 mars 1808 était toujours en vigueur.

Ce décret devait durer dix ans. Pour dépasser ce terme, il avait besoin d'être renouvelé ; ainsi l'ordonnait son art. 18. Il devait donc expirer le 17 mars 1818. M. le marquis de Lartier, sollicita des Chambres, par voie de pétition, qu'il fût renouvelé pour dix années.

Voici comment s'expliqua, sur ce sujet, le rapporteur de la Commission des pétitions, M. Paillot de Loynes, à la séance de la Chambre des députés, du 26 février 1818 :

Les dispositions que l'on s'était réservé de proroger, doivent-elles l'être aujourd'hui, comme le demande le pétitionnaire ?

Pas de doute, assurément, Messieurs, que d'après la Charte, les Juifs, comme les autres Français, doivent rentrer dans le droit commun ; mais des considérations d'un haut intérêt, la position particulière des départements où les Juifs sont très nombreux, où leur genre d'industrie s'exerce d'une manière plus funeste, doivent également appeler toute votre attention. Déjà, des Conseils généraux ont fait parvenir leurs réclamations et leurs inquiétudes ; celui du Bas-Rhin a exposé au Gouvernement qu'il était à craindre qu'une masse de dettes considérables, non exigibles d'après le décret, ait donné lieu tout à coup à un grand nombre de poursuites judiciaires. Il croit convenable d'accorder un délai d'une année aux créanciers compris dans le décret pour que les mesures nécessaires puissent être prises par l'autorité, en parfaite connaissance de cause.

Le Conseil général du département du Haut-Rhin exprime son vœu en termes plus énergiques ;

il dit qu'il est d'autant plus nécessaire qu'on prenne contre les Juifs des mesures sévères, que si, après les désastres de deux invasions et de l'intempérie des saisons, ils avaient la faculté de poursuivre le paiement de la multitude immense des biens qu'ils ont obtenus des malheureux cultivateurs, il ne resterait plus aux Alsaciens que la ruine et le désespoir.

Votre Commission, considérant que, dans ces circonstances, c'est au Gouvernement seul qu'il appartient de juger si la prorogation du délai est nécessaire ; qu'étant averti par cette pétition nouvelle, sa sagesse avisera aux moyens de parer aux effets fâcheux que redoutent les Conseils généraux de ces départements et le pétitionnaire, du passage trop subit d'une législation d'exception à laquelle les Juifs ont été soumis, à l'exercice entier du droit commun, votre Commission dis-je, a l'honneur de vous proposer, sans rien préjuger de la question, le renvoi de la pétition à MM. les Ministres de la Justice et de l'Intérieur.

La Chambre des Députés adopta la proposition du rapporteur. La pétition fut accueillie moins favorablement à la Chambre des Pairs.

Le rapporteur du Comité des pétitions, M. de Saint-Aignan, la combattit à la séance du 9 mars 1818.

Malgré les observations du marquis de Rougé, qui fit valoir que le territoire serait bientôt entre les mains des Juifs, si l'on n'opposait une digue à leur avidité, la Chambre des Pairs se déclara pour l'ordre du jour.

Le décret du 9 mars 1808 est donc mort de lui-même, le 18 mars 1818. C'est une arme brisée de l'Empire.

CHAPITRE V

Le Décret sur les Noms et Prénoms.

Après avoir réglé ainsi la police des Juifs, Napoléon voulut assurer à son œuvre toute l'efficacité désirable en régularisant l'état-civil des individus. Les Juifs établis en France ne s'étaient pas soumis à la coutume du nom patronymique ; ils portaient le nom d'un personnage biblique auquel ils joignaient celui de leur résidence. Mais, lorsqu'ils changeaient de domicile, cette sorte de surnom se trouvait en défaut, et de là naissait un premier sujet de méprise. Ensuite, les Juifs avaient toute faculté de changer de nom dès qu'un intérêt quelconque les y sollicitait, et l'on conçoit combien était commode cette métamorphose pour échapper à la fois aux charges publiques et à l'accomplissement des obligations privées. Le décret du 20 juillet 1808 prescrivit à tout Juif français d'adopter un nom patronymique pris en dehors des noms de villes ou des noms de l'Ancien Testament et de faire choix d'un prénom.

Bayonne, le 20 juillet 1808.

Napoléon, Empereur des Français, roi d'Italie et Protecteur de la Confédération du Rhin,

Sur le rapport de notre Ministre de l'Intérieur,

Le Conseil d'Etat entendu,

Nous avons décrété et décrétons ce qui suit :

Art. 1er. — Ceux des sujets de notre Empire qui suivent le culte hébraïque et qui, jusqu'à présent, n'ont pas eu de nom de famille et de prénoms fixes, seront tenus d'en adopter dans les trois mois de la publication de notre présent décret et d'en faire la déclaration par devant l'officier de l'Etat civil de la commune où ils sont domiciliés.

Art. 2. — Les Juifs étrangers qui viendraient habiter dans l'Empire et qui seraient dans le cas prévu par l'article 1er seront tenus de remplir la même formalité dans les trois mois qui suivront leur entrée en France.

Art. 3. — Ne sont point admis comme noms de famille, aucun nom tiré de l'Ancien Testament, ni aucun nom de ville. Pourront être pris comme prénoms, ceux autorisés par la loi du 21 germinal an XI.

Art. 4. — Les Consistoires, en faisant le relevé

des Juifs de leur communauté, seront tenus de vérifier et de faire connaître à l'autorité s'ils ont individuellement rempli les conditions prescrites par les articles précédents.

Ils seront également tenus de surveiller et de faire connaître à l'autorité ceux des Juifs de leur communauté qui auraient changé de nom sans s'être conformés aux dispositions de la susdite loi du 11 germinal an XI.

Art. 5. — Seront exceptés des dispositions de notre présent décret, les Juifs de nos Etats ou les Juifs étrangers qui viendraient s'y établir, lorsqu'ils auront des noms et prénoms connus et qu'ils ont constamment portés, encore que les dits noms et prénoms soient tirés de l'Ancien Testament ou des villes qu'ils ont habitées.

Art. 6. — Les Juifs mentionnés à l'article précédent et qui voudront conserver leurs noms et prénoms, seront néanmoins tenus d'en faire la déclaration, savoir : les Juifs de nos Etats, par devant la mairie de la commune où ils sont domiciliés, et les Juifs étrangers par devant celle où ils se proposeront de fixer leur domicile ; le tout dans le délai porté en l'art. 1er.

Art. 7. — Les Juifs qui n'auraient pas rempli les formalités prescrites par le présent décret, et dans les délais y portés, seront renvoyés du territoire de l'Empire. A l'égard de ceux qui, dans quelque acte publié ou quelque obligation privée, auraient changé de nom arbitrairement, et sans s'être conformés aux dispositions de la loi du 11 germinal an XI, ils seront punis conformément aux lois, et même comme faussaires suivant l'exigence des cas.

Art. 8. — Notre grand juge, Ministre de la Justice, et nos Ministres de l'Intérieur et des Cultes, sont chargés, chacun en ce qui le concerne, de l'exécution du présent décret.

Signé : NAPOLÉON.

Par l'Empereur,
Le Ministre secrétaire d'Etat,
Signé : Hugues B. MARET.

Tout nom de famille tiré de l'Ancien Testament est donc proscrit. L'Empereur veut enlever aux Juifs tout ce qui est susceptible de leur donner un caractère spécial ; il veut leur faire dépouiller le vieil homme.

En ce qui concerne les prénoms, il se montre moins exigeant. C'est que la loi de germinal an XI porte que : peuvent être reçus comme prénoms, les noms en usage dans les différents calendriers, et ceux des personnages connus de l'histoire.

Des officiers de l'état-civil refusant d'admettre pour prénoms sur les actes de naissance des enfants israélites qui leur sont présentés, les noms des personnages cités dans la Bible, Napoléon fait donner des instructions dans le sens de la légalité pour prévenir dorénavant toute difficulté à cet égard. (Circulaire du Ministre de l'Intérieur, comte de Montalivet aux Préfets. 28 septembre 1813).

Le décret du 20 juillet 1808, par son article 7, remettait en vigueur pour les Juifs, la loi tombée en désuétude du 6 fructidor an II qui, après avoir interdit aux citoyens l'usage d'autres noms que ceux sous lesquels ils sont inscrits dans les actes de l'état-civil et l'emploi de noms additionnels, dispose dans son article 3, que ceux qui enfreindront les dispositions des articles précédents, seront condamnés à six mois d'emprisonnement et une amende égale au quart de leurs revenus. La récidive était punie de la dégradation civique. Comme on le voit, la loi n'était pas tendre pour les délinquants.

Le décret du 20 juillet 1808 fut exécuté

dans tout l'Empire d'une manière uniforme. Il fut porté à la connaissance des Israélites par des arrêtés préfectoraux[1].

Un registre double, timbré et paraphé par le Président du Tribunal de première instance, fut ouvert à la Mairie de chaque commune où il y avait des Juifs.

Tout majeur devait faire lui-même sa déclaration ; les pères, et à leur défaut, les mères, devaient la faire pour leur leurs enfants mineurs ; les tuteurs pour leurs pupilles.

Le fils majeur était tenu de prendre le nom de famille de son père existant ; les frères et sœurs majeurs, n'ayant plus ni père, ni mère, devaient adopter tous le même nom de famille.

Chaque déclaration devait être signée par le Maire et le déclarant.

1. Circulaire du Ministre de l'Intérieur, comte Crétet, aux Préfets, 8 septembre 1808.

CHAPITRE VI.

La liquidation des communautés juives sous l'Empire.

Avant la Révolution française, les Juifs vivaient entre eux suivant leurs lois et leurs coutumes, nommaient leurs administrateurs, leurs chefs, et faisaient, sous l'approbation de l'autorité locale, tous leurs règlements d'administration et de police intérieure.

Il y avait entre eux une union, une communauté, une solidarité d'autant plus étroite, que la mobilité de leur fortune et leur isolement parmi les peuples leur rendaient plus difficiles les moyens d'existence, et diminuaient la confiance au dehors.

Quand ils avaient besoin de recourir à des secours, à des emprunts, ils offraient comme gages à leurs créanciers la rigueur et l'étendue de cette solidarité garantie par l'autorité locale à laquelle ils se soumettaient.

Avec le décret du 27 septembre 1791 qui donnait aux Juifs la faculté de devenir citoyens français, la communauté fut dissoute, mais les engagements vis-à-vis des tiers ne furent pas rompus, la loi ne pouvant avoir un effet rétroactif.

Dès le 28 septembre 1791, l'Assemblée nationale confia aux directoires des départements du Haut et du Bas-Rhin, le soin de liquider les dettes des communautés juives d'Alsace.

Cette même Assemblée avait déjà rendu, le 20 mai de la même année, un décret portant que toutes les contestations qui pourraient résulter du rôle fait par les Juifs de Metz en recouvrement de la somme de quatre cent vingt-neuf mille sept cent trente-sept livres douze sous six deniers, ainsi que celles qui pourraient naître des autres rôles à faire pour les charges qui leur étaient propres, seraient soumises au directoire du district de Metz, sauf à faire prononcer en dernier ressort par le département.

Les Juifs de Nancy adressèrent une pétition

à l'Assemblée législative pour ne pas être compris dans le rôle de répartition dressé pour la liquidation des dettes de l'ancienne communauté de Metz ; mais l'Assemblée n'admit pas cette demande qui était du ressort du pouvoir judiciaire ou administratif (2 mai 1792).

Effrayés des poursuites intentées contre eux par leurs créanciers, les Juifs supplièrent le Gouvernement de se charger de leurs dettes ; ils ne furent pas écoutés. Ils obtinrent seulement un sursis aux poursuites (13 germinal, an III). Leurs sollicitations devinrent plus pressantes ; mais, par une résolution du 16 frimaire an VI, le Conseil des Cinq-Cents refusa catégoriquement, et de façon définitive, de mettre leurs dettes au compte de la Nation.

Le sursis qui leur avait été accordé fut levé.

L'arrêté du 5 nivôse an X, relatif à la liquidation des dettes de la communauté des Juifs de Metz, dettes qui s'élevaient à 37.000 francs, ordonna au préfet de la Moselle de former une commission composée de deux Juifs de Metz, et de trois de l'ancienne généralité. Cette Commission devait être chargée, sous l'approbation préfectorale, de faire la répartition entre les débiteurs des sommes exigibles chaque année, et de donner un avis sur les demandes en réduction ou décharge.

Avant d'autoriser la confection du rôle de l'an X, le préfet devait faire rendre aux anciens syndics un compte exact de leur gestion et de l'emploi qui avait été fait des fonds à dater du jour de la suppression de la communauté. Ce compte devait être imprimé, et un exemplaire distribué à chaque partie intéressée.

Enfin, les cinq commissaires nommés par le préfet, devaient lui remettre chaque année un rapport de toutes leurs opérations ; ce rapport, après avoir été assuré par un arrêté, devait être soumis à l'approbation du Ministre de l'Intérieur.

Ce décret porte la signature du premier Consul, Bonaparte.

Le 18 brumaire, an XII, paraissait un nouveau décret, également sous la signature de Bonaparte, et relatif à la liquidation des dettes passives des Juifs d'Alsace qui se montaient à 95,000 livres. Il était décidé que la répartition serait faite entre les débiteurs d'après le rôle des répartitions des contributions foncière et mobilière de l'an X, par les commissaires nommés en vertu de cet arrêté, et que le rôle ne pouvait être mis en recouvrement que de l'autorité du Gouvernement.

Toutes les contestations relatives au paiement ou à la quotité des sommes portées aux rôles, formées ou à former pour l'acquittement des dettes de cette nature, devaient être jugées par le Conseil de préfecture du département où devait être établie la commission chargée de la formation du rôle, sauf le retour au Conseil d'État. Les commissaires devaient adresser au préfet un compte-rendu de leurs opérations, et ce compte-rendu soumis à l'approbation ministérielle.

Après les Juifs d'Alsace, ce fut le tour des Juifs de Montferrat. Un décret relatif à la liquidation de leurs dettes parut le 25 mars 1807. Ces dettes s'élevaient à plus de 200.000 francs.

Le capital de 171.222 fr. 51 dû par la communauté et les arrérages échus ou à échoir depuis le 1er septembre 1803 jusqu'à l'époque du parfait paiement, devaient être remboursés en cinq années par portions égales. Il était, en conséquence, sursis pendant ce laps de temps à toutes poursuites judiciaires de la part des créanciers contre les membres de la communauté, ou contre leurs cautions.

La répartition des créances exigibles devait être faite dans le délai de trois mois, et arrêtée par le Préfet tous les trois mois suivants. Le rôle de répartition devait être rendu exécutoire par le Préfet et publié. Les réclamations des contribuables devaient être jugées par le Conseil de Préfecture.

La commission était chargée de nommer des receveurs et des percepteurs salariés.

Enfin, le remplacement des commissaires qui cesseraient leurs fonctions pour raison de mort, de démission ou toute autre cause, devait être fait par le Préfet, sur la présentation de trois candidats par les membres restants.

Comme on le voit, les Juifs se refusaient à remplir les engagements qu'ils avaient contractés à l'égard des autres citoyens. Les Juifs d'Alsace qui, par leurs excès, avaient pourtant encouru le plus de reproches, se montrèrent particulièrement rebelles au paiement de leurs dettes.

La surveillance n'étant pas suffisamment exercée, beaucoup des plus riches parmi les Juifs, après la dissolution des communautés, et pour échapper aux exigences des décrets impériaux, avaient quitté leurs provinces et fixé leur domicile dans d'autres contrées. Il fallait alors organiser des recherches pour contraindre ces émigrants à payer les contributions afférentes aux dettes que la communauté avait contractées. Et ce n'était pas chose facile : quand on les retrouvait, ils prétendaient ne s'être engagés par aucun contrat, ou encore, malgré les plus évidents témoignages, niaient avoir jamais appartenu à la communauté. Ils abandonnaient ainsi leurs coreligionnaires moins aisés, les laissant se tirer eux-mêmes d'embarras.

En présence de cet état d'esprit, et voyant que les paiements ne s'effectuaient pas, Napoléon fut dans l'obligation de prendre une nouvelle mesure contre les Juifs d'Alsace, le 5 septembre 1810.

Ce nouveau décret supprimait la commission établie par l'arrêté du 18 brumaire an XII.

Les consistoires iraélites du Haut et du Bas-Rhin étaient chargés de procéder à la confection d'un nouveau rôle de répartition de la dette entre tous les débiteurs ; de rédiger le rôle sur les mêmes bases par eux adoptées pour la contribution aux frais du culte ; au moyen de quoi, le rôle arrêté en 1806 serait considéré comme non avenu.

Les receveurs des consistoires israélites du Haut et du Bas-Rhin devraient remplacer la commission supprimée ; le recouvrement du nouveau rôle devrait être opéré en quatre ans et par quart, d'année en année.

Le receveur du consistoire du Bas-Rhin était chargé d'acquitter chaque année le quart de la dette sur les fonds recouvrés et déposés en sa caisse par les percepteurs du Haut et du Bas-Rhin.

Malgré les différentes tentatives de Napoléon, et les modifications successives qu'il apporta au mode de recouvrement des créances, la liquidation des communautés juives fut très lente et très difficile. On ne peut en chercher l'insuccès que dans le mauvais vouloir, l'obstination, dans la mauvaise foi des plus riches d'entres les Juifs, surtout en ce qui concernait les communautés d'Alsace.

Cette liquidation fut l'objet de nombreuses discussions devant les Chambres et les tribunaux, longtemps même après que le traitement des ministres du culte israélite fut mis à la charge de l'État (8 février 1831).

CHAPITRE VII

Napoléon et les Juifs étrangers.

Avant de terminer cette étude, dans laquelle nous avons consigné le plus scrupuleusement possible les mesures prises par Napoléon contre les Juifs, il nous a paru intéressant de rechercher comment il avait traité les Israélites étrangers dans ses chevauchées à travers l'Europe.

Les Juifs se trouvant répandus et disséminés chez tous les peuples, l'Empereur devait nécessairement se trouver plus d'une fois en contact avec eux.

Comme il lui fallait des sommes énormes pour payer la solde de ses officiers, pour entretenir son armée et tout son matériel de guerre, pour mener à bonne fin toutes ses entreprises, l'on est tenté, au premier abord, de se demander comment cet homme qui prodiguait l'argent, put s'y prendre pour suffire à toutes les dépenses, et, s'il ne fut pas contraint de recourir aux Israélites, banquiers et capitalistes, alors comme aujourd'hui. Il aurait pu faire rendre gorge à certains d'entre eux, dans des contrées où les cruautés à leur égard étaient considérées comme un moyen de gagner le ciel. Il n'en fut rien. L'Empereur, selon l'expression du général comte de Ségur, nourrissait la guerre par la guerre, et le trésor de l'armée n'était jamais vide, grâce aux formidables indemnités qu'il imposait aux peuples vaincus.

Pendant la campagne de Prusse, nous voyons Napoléon intervenir en faveur d'un Juif de Francfort, du nom de Rotschild, qu'une Commission impériale voulait faire emprisonner pour s'emparer de ses biens. Nous puisons, à ce sujet, dans les mémoires du général baron de Marbot, un récit que nous reproduisons en entier, car si l'anecdote est vraie, elle nous dévoile l'origine jusqu'alors peu connue, de la fortune des grands financiers européens[1].

C'était après Iéna : « Aux conquêtes faites

1. Mémoires du baron de Marbot, 1, p. 315.

sur les Prussiens, Napoléon ajouta la confiscation des États de l'électeur de Hesse-Cassel dont la duplicité méritait cette punition. En effet, ce prince, sommé quelque temps avant la guerre de se déclarer pour la Prusse ou pour la France, les avait bercées toutes les deux de promesses, en réservant de se ranger du côté du vainqueur. Souverain avide, l'Électeur avait formé un grand trésor, en vendant ses propres sujets aux Anglais, qui les employaient à combattre les Américains pendant les guerres de l'Indépendance, où il en périt un fort grand nombre. Mauvais parent, il avait offert de joindre ses troupes à celles des Français contre les Prussiens à condition que l'Empereur lui donnerait leurs États. Aussi, personne ne regretta l'Électeur dont le départ précipité donna lieu à un fait remarquable encore peu connu.

« Obligé de quitter Cassel à la hâte pour se réfugier en Angleterre, l'Électeur de Hesse, qui passait pour le plus riche capitaliste d'Europe, ne pouvant emporter la totalité de son trésor, fit venir un Juif francfortois, nommé Rotschild, banquier de troisième ordre et peu marquant, mais connu pour la scrupuleuse régularité avec laquelle il pratiquait la religion, ce qui détermina l'Électeur à lui confier quinze millions en espèces. Les intérêts de cet argent devaient appartenir au banquier qui ne serait tenu qu'à rendre le capital.

« Le palais de Cassel ayant été occupé par nos troupes, les agents du Trésor français y saisirent des trésors considérables, surtout en tableaux ; mais on n'y trouva pas d'argent monnayé. Il paraissait cependant impossible que dans sa fuite précipitée, l'Électeur eût enlevé la totalité de son immense fortune. Or, comme, d'après ce qu'on était convenu d'appeler les lois de la guerre, les capitaux et les revenus des valeurs trouvées en pays ennemi appartenaient de droit au vaiqueur, on voulut savoir ce qu'était devenu le trésor de Cassel. Les informations prises à ce sujet ayant fait connaître qu'avant son départ, l'Électeur avait passé une journée entière avec le Juif Rotschild, une Commission impériale se rendit chez celui-ci dont la caisse et les registres furent minutieusement examinés. Mais ce fut en vain ; on ne trouva aucune trace du dépôt fait par l'Électeur. Les menaces et l'intimidation n'eurent aucun succès, de sorte que la Commission bien persuadée qu'aucun intérêt mondain ne déterminerait un homme aussi religieux que Rotschild à se parjurer, voulut lui déférer le serment. Il refusa de le prêter. Il fut question de l'arrêter, mais l'Empereur s'opposa à cet acte de violence, le jugeant inefficace. On eut alors recours à un moyen fort peu honorable. Ne pouvant vaincre la résistance du banquier, on espéra le gagner par l'appât du gain. On lui proposa de lui laisser la moitié du trésor s'il voulait livrer l'autre à l'administration française ; celle-ci lui donnerait un récépissé de la totalité, accompagné d'un acte de saisie, prouvant qu'il n'avait fait que céder à la force, ce qui le mettrait à l'abri de toute réclamation ; mais la probité du Juif fit encore repousser ce moyen, et de guerre lasse, on le laissa en repos.

« Les quinze millions restèrent donc entre les mains de Rotschild, depuis 1806 jusqu'à la chute de l'Empire, en 1814. A cette époque, l'Electeur étant rentré dans ses Etats, le banquier francfortois lui rendit exactement le dépôt qu'il lui avait confié. Vous figurez-vous quelle somme considérable avait dû produire dans un laps de temps de huit années un capital de quinze millions entre les mains d'un banquier juif et francfortois?... Aussi, est-ce de cette époque que date l'opulence de la maison des frères Rotschild, qui durent à la probité de leur père la haute position financière qu'ils occupent aujourd'hui dans tous les pays civilisés. »

On peut dire que Napoléon se montra plutôt bienveillant à l'égard des Juifs dans tous les pays qu'il traversa à la tête de ses armées ; et cette bienveillance s'explique par ce fait qu'il se trouva souvent contraint de se servir d'eux comme d'un instrument capable d'assurer sa marche et de faciliter ses conquêtes.

Dans sa campagne de Syrie, Bonaparte, pour faire naître l'enthousiasme au cœur des nombreuses populations juives, et se concilier une amitié alors fort précieuse, laisse courir le bruit qu'il va former une armée de Juifs et fonder un nouveau royaume de Jérusalem. Une vague espérance anime les Israélites qui s'imaginent qu'après la prise de Saint-Jean-d'Acre, le général va se rendre à Jérusalem et restaurer le temple de Salomon. Bonaparte dépêche des agents de tous côtés, à Damas, à Alep, jusque dans les Arménies, pour répandre la bonne nouvelle[1]. Cette habile et politique manœuvre lui est inspirée par la nécessité du moment. La situation est critique. Bonaparte craint de voir s'anéantir complètement son armée, déjà réduite de moitié par les souffrances autant que par les cimeterres des Musulmans, et de ne pouvoir en ramener en France les glorieux débris.

En novembre 1806, sur les bords de la Vistule, Murat et sa réserve de cavalerie, Davout et son corps d'armée sont installés dans Varsovie, que les Russes viennent d'évacuer. Ils n'ont aucun moyen de subsistance ; les Russes

1. *Correspondance de Napoléon Ier*, Tome 30. Campagne d'Egypte et de Syrie, p. 43.

ont détruit ou emporté tous les vivres ; toutes les barques ont été coulées et la Vistule est infranchissable. L'Empereur ne voit alors qu'un moyen d'éviter la famine et le désastre ; les Juifs sont nombreux en cette contrée ; il faut acheter leurs services.

Napoléon répand l'or à profusion pour les corrompre ; il leur abandonne tous les sels trouvés dans les magasins prussiens ; et les Juifs, séduits par l'appât d'un gain inespéré, réussissent à faire entrer dans Varsovie du blé, de l'avoine, du bétail, et tout ce qui est nécessaire à l'approvisionnement de l'armée. Thiers qui rapporte ce fait dans son *Histoire du Consulat et de l'Empire*, ajoute à ce sujet :

> Avec de l'argent comptant fourni aux Juifs, l'Empereur est sûr de trouver partout des vivres.

Plus tard, en 1809, les Français sont en Portugal. Les Juifs, au nombre de plus de deux cent mille en ce pays, très actifs, très riches, mais vivant sous une dure oppression et lassés d'une guerre qui les empêche de pratiquer leur commerce, voudraient obtenir sous la domination des Français, une égalité civile qui leur semble la plus souhaitable des formes de gouvernement. Ils entrent en relation avec l'administration française pour l'entretien de l'armée, pour la perception des revenus, et finalement en arrivent à faire indirectement à Napoléon, des ouvertures politiques sur la manière d'établir dans cette contrée un gouvernement régulier. Ils laissent entrevoir que l'idée de fonder un royaume à part, un royaume de Lusitanie septentrionale, conviendrait fort à la province d'Oporto ; ils offrent, en l'absence de l'Empereur, la couronne de Portugal au maréchal Soult[1]. La marche des évènements empêche Napoléon de leur donner satisfaction.

En Pologne, au mois de juin 1812, Napoléon avant de marcher contre les Russes, donne à la Lithuanie, une administration distincte et indépendante ; c'est une menace à l'égard de la Russie. Les habitants de cette contrée acceptent avec joie ce nouveau mode de gouvernement ; seuls, les Juifs s'y opposent, et malheu-

1. Thiers. *Histoire du Consulat et de l'Empire*, tome 11 p. 72.

reusement, par leur nombre et leurs richesses, ils dominent dans cette province. Ils trahissent, d'ailleurs, partout la cause de la Pologne ; ils avertissent les généraux russes du passage des troupes françaises, de leur nombre, de leur situation ; ils préviennent Tormazoff de l'approche d'un détachement saxon, et le général en profite pour l'anéantir à Kobrin[1]. Connaissant leur hostilité, convaincu de leur trahison, Napoléon traite quand même avec eux ; et avant son départ de Vilna, il les charge du transport de ses approvisionnements. Il est réduit à cette extrémité, car il n'est soutenu en Pologne que par une noblesse brave, sans doute, mais oisive, prête à donner son sang, mais incapable d'aucune entreprise, tandis que les Juifs, industrieux et actifs, « y pullulent partout où ils trouvent à exploiter la paresse et l'ignorance de peuples à demi-barbares[2]. ».

1. Thiers. *Histoire du Consulat et de l'Empire*, tome 14 p. 184.

2 Thiers. *Histoire du Consulat et de l'Empire*, tome 13 p. 557.

Si nous voyons ainsi Napoléon, dans ses campagnes, corrompre les Juifs par l'or et le charlatanisme, alors que dans ses États il les met hors la loi, il ne faut pas nous en étonner; ici, il les considère comme nuisibles, et là, à l'étranger, il les fait servir à ses desseins. Cela suffit pour expliquer sa conduite ; il n'examine les choses que sous le rapport de leur utilité immédiate, et n'écoute que les considérations du moment ; chez lui, tout se réduit au calcul. Il ne faut pas l'oublier, Napoléon, comme on l'a dit, n'est pas seulement un homme, mais un système[1].

1. Madame de Staël, *Révolution*, première édition, 1818, p. 226.

CONCLUSION

A Sainte-Hélène.

O'Meara qui fut en sa qualité de médecin de la marine royale d'Angleterre, attaché au service de Napoléon Ier à Sainte-Hélène, et qui, plus tard, fut destitué de ses fonctions pour avoir dénoncé les méfaits du gouverneur rapporte dans son ouvrage sur *Napoléon en exil* le récit d'une conversation qu'il eut avec l'Empereur sur les Juifs.

Longwood, 2 novembre 1816.

Pendant la conversation, je pris la liberté de demander à l'Empereur les raisons qui l'avaient porté à donner aux Juifs tant d'encouragements. Il répondit : je voulais qu'ils renonçassent à l'usure. Ils étaient en grand nombre dans les pays sur lesquels je régnais ; j'espérais, en les rendant libres et en leur donnant des droits égaux à ceux des catholiques, des protestants et autres, les rendre bons citoyens et les forcer à se conduire comme tout le monde. Je crois que j'aurais fini par réussir. J'établissais mon raisonnement à leur égard sur ce que les rabbins leur expliquaient qu'ils ne devaient pas pratiquer l'usure contre leur propre nation, mais qu'elle leur était permise envers les chrétiens et autres : en conséquence, puisque je leur avais rendu tous les privilèges, et que je les avais faits égaux à mes sujets, ils devaient me regarder ainsi que Salomon ou Hérode, comme le chef de leur nation, et mes sujets comme les frères d'une tribu semblable à la leur ; qu'en conséquence, il ne leur était pas permis de pratiquer l'usure avec eux, mais qu'ils devaient nous traiter comme si nous étions de la maison de Juda; que jouissant des mêmes droits que mes autres sujets, ils devaient comme eux payer les impôts et se soumettre aux lois de la conscription et à toutes les autres lois. J'obtins, par ce moyen, beaucoup de soldats. En outre, j'aurais attiré une grande richesse en France, parce que les Juifs sont très nombreux et qu'ils se seraient pressés en foule dans un pays où ils jouissaient de plus grands privilèges que dans aucune autre nation.

Comme Napoléon s'exprimait le plus souvent en italien avec l'Anglais O'Méara, ces paroles, si elles ont été réellement prononcées, ont forcément dû subir, pour être rendues en français, une double traduction. Or, qui dit traduction, dit souvent altération. Il s'en suit que ce récit peut ne rendre que très imparfaitement les sentiments de l'Empereur sur la question juive.

Ne serait-il pas plus plausible de croire que cet entretien est tout simplement fantaisiste, qu'il a été forgé de toutes pièces par le médecin anglais, à l'imagination souvent trop féconde ?

En tous cas, pour qu'il demandât à Napoléon quelles étaient les raisons qui l'avaient poussé à donner aux Juifs tant d'encouragements, il fallait qu'O'Méara fût, tout au moins en ce qui concernait les Israélites, bien ignorant de l'œuvre napoléonnienne.

D'ailleurs, est-il admissible que, même dans une conversation banale, et, par suite, de médiocre importance, Napoléon ait pu déclarer à son médecin qu'il avait rendu les Juifs libres, qu'il leur avait donné des droits égaux à ceux des autres citoyens, qu'il leur avait ouvert toutes grandes les portes de la France ?

Toute son œuvre proteste contre ces paroles qu'on lui prête.

Il a, au contraire, fait contre les Juifs, que la Constituante avait émancipés, une contre-révolution. Par ses lois d'exception, il a fait revivre pour eux l'ancien droit, et supprimé à leur égard cette égalité civile qu'il proclamait être la « passion du siècle. »

S'il a permis aux Juifs étrangers d'émigrer en France, c'était, comme il l'avoue lui-même, pour augmenter le nombre de ses soldats. Et encore fallait-il, pour qu'ils pussent s'établir sur le sol de l'Empire, qu'ils apportassent avec eux une somme assez considérable de richesses.

S'il a relevé les autels du Judaïsme, c'était pour avoir la haute direction du culte hébraïque, et faire des rabbins, des prédicateurs du despotisme.

Les circonstances, sans doute, étaient impérieuses et nécessitaient la répression d'abus véritablement scandaleux ; cette répression fut excessive et surtout illégale. Aussi, il est vraisemblable de penser que, si les revers n'étaient venus, l'Empereur eût, suivant son expression, « débandé l'arc » tendu contre la secte juive.

Dans tous les cas, il faut lui tenir compte

d'avoir tenté de régénérer les Juifs par la religion, d'en faire des « citoyens traitant leurs concitoyens comme s'ils étaient de la maison de Juda », et d'avoir enfin voulu mettre un frein à cette avidité mercantile, avec laquelle on finit par trafiquer de tout, des actions humaines comme des vertus morales.

FIN

TABLE DES MATIÈRES

CHAPITRE DEUXIÈME

CHAPITRE TROISIÈME

CHAPITRE QUATRIÈME

CHAPITRE CINQUIÈME

CHAPITRE SIXIÈME

Pages

CHAPITRE SEPTIÈME

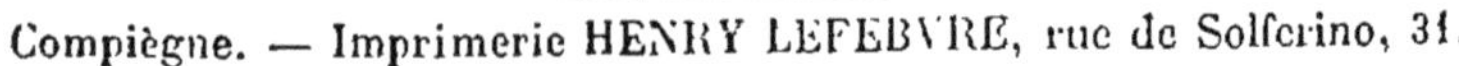

Compiègne. — Imprimerie HENRY LEFEBVRE, rue de Solferino, 31.

COMPIÈGNE

IMPRIMERIE HENRY LEFEBVRE

31, RUE DE SOLFERINO, 31

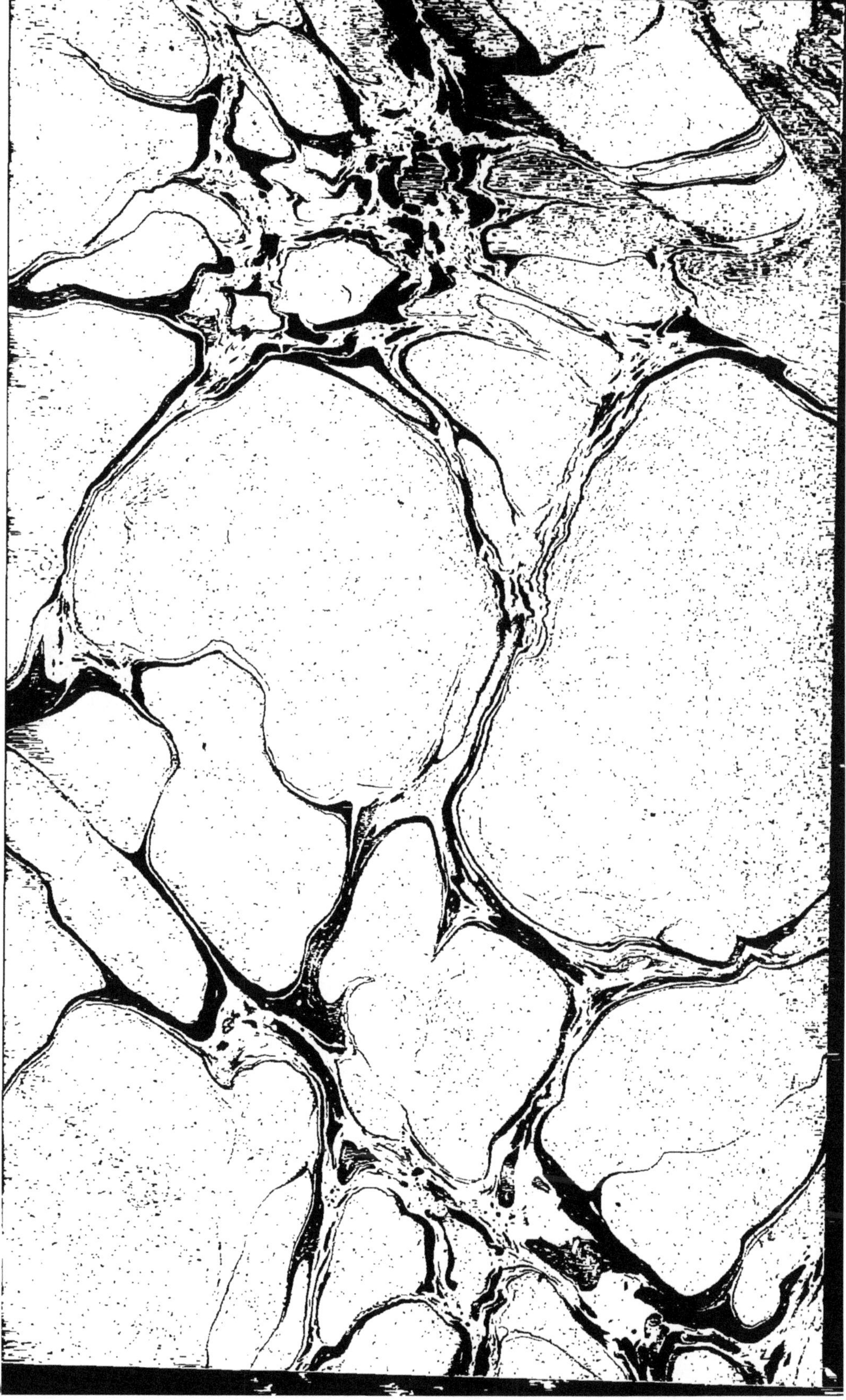

www.ingramcontent.com/pod-product-compliance
Ingram Content Group UK Ltd.
Pitfield, Milton Keynes, MK11 3LW, UK
UKHW020319200726
13857UKWH00001B/212